Kuba 2017:
Im Wirbelsturm des Tourismus

Helga Merkelbach

Begegnungen

Beobachtungen

Geschichten

Helga Merkelbach, Kuba 2017: Im Wirbelsturm des Tourismus,
Begegnungen, Beobachtungen, Geschichten, Bremen 2017

Die Autorin reist viel – jedoch nie ohne persönliche Kontakte in einem fremden Land zu knüpfen. In Kuba nahm sie die Einladung in die Familie eines Freundes und die jahrelange Verbundenheit mit dem Gastfreundschaftsnetzwerk SERVAS als Gelegenheit, den üblichen touristischen Einblick zu ergänzen.

Sensibel nahm sie Anfang 2017 wahr, wie zunehmender Pauschaltourismus in Kuba Einfluss nimmt auf Leben und Einstellungen der kubanischen Menschen. Sie hat ihre vielfältigen und widersprüchlichen Beobachtungen beschrieben und angereichert mit Informationen. Manche ihrer Wahrnehmungen haben sie zu Geschichten angeregt. Die Mischung von Realität und Fantasie steckt LeserInnen mit dem Schmunzeln an, das die Autorin selbst von KubanerInnen übernahm. So können sie ihren Alltag dort leichter und sehr lebendig bewältigen.

Helga Merkelbach kommt aus einem abgelegenen Dorf im Westerwald und träumte als kleines Mädchen davon, Sprachen zu lernen und die Welt kennenzulernen. Sie hat selten eine Gelegenheit ausgelassen, andere Länder zu bereisen und dort, wenn möglich, zu leben oder mit Einheimischen in näheren Kontakt zu kommen. Im Ruhestand findet sie nun die Muße, ihre Reisetagebücher für interessierte LeserInnen zu veröffentlichen.

Bisher erschienen: Helga Merkelbach, Richard Seidl, Kamtschatka – Abenteuer eingeplant, 2012

Texte: © Copyright by Helga Merkelbach

Fotos: © Copyright by Helga Merkelbach

Umschlaggestaltung: © Copyright by Helga Merkelbach

Verlag:
Helga Merkelbach
Ruedesheimerstr. 23
D- 28199 Bremen Deutschland
helgamerkelbach@web.de

Druck: epubli, ein Service der neopubli GmbH, Berlin

Kuba 2017:
Im Wirbelsturm des Tourismus

Begegnungen, Beobachtungen, Geschichten
von Helga Merkelbach

Kuba 2017: Im Wirbelsturm des Tourismus

(Begegnungen, Beobachtungen, Geschichten von Helga Merkelbach)

Inhaltsverzeichnis

Vorwort	5
Preise	9
Kinderfreude	15
Kriegsbeute	25
Der Wandel	27
Beim Friseur	43
Frauen	47
Vom Geiste erfüllt	55
Meine Ruh ist hin	63
Mit Deutschland verbunden	66
Alle lieben Kuba	71
Mama wieder mit DEM Rock	76
Junges Glück	82
Der Grün-Gelbe	90
Mit Würde	95
Traumauto	100
Kuba mit allen Sinnen	107
Statt Nachwort: „Kontakt zu den Einheimischen"	115
Reise nach Kuba – persönliche Tipps	121

Vorwort

Wir haben eine gemeinsame Erinnerung an das Weltjugendfestival in Havanna 1978; sie war dabei, als 18.500 junge Menschen aus 145 Ländern einander begegneten. Ich traf im August Teilnehmende, die gerade von dort zurückgekehrt waren und von Begegnung und Austausch auf der tropischen Insel schwärmten. Begegnung und Austausch, nicht ein Maximum an üblichen Urlaubs-Highlights wie Sonnenbräune, exzellentes Essen oder Besichtigungen.

Seitdem wollte ich gerne selbst nach Kuba reisen, hörte immer wieder von den Veränderungen seit Zusammenbruch der Sowjetunion: mehr Tourismus, weniger Zufriedenheit der Menschen in Kuba.

Im Nachtbus von einer kleinen Provinzstadt im Osten Kubas zum Urlaubsressort Varadero im Nordwesten treffe ich die Kubanerin, mit der ich mich in eine Vergangenheit zurück versetze, die sie über ihrer Arbeit im Tourismusgeschäft von Cubana Air schon lange vergessen hatte.

2011 begegne ich in Brasilien einem Kubaner, der wie ich zum Arbeiten dort lebte. Wir hatten beide in der Phase des Kulturschocks Heimweh, er nach Kuba, ich nach Deutschland. Wir schwärmten uns gegenseitig von unseren vertrauten heimischen Gefielden vor. Dem kubanischen Freund gelang es nicht, mit dem in Brasilien verdienten Geld in Kuba beruflich Fuß zu fassen, ich arbeitete schließlich wieder in Deutschland.

Als Obama als erster US-Präsident seit 1959 auf die kubanische Regierung zuging, sogar die jahrzehntelange Blockade aufheben wollte, fand ich, es sei an der Zeit ist, nach Kuba zu fahren, um es noch so zu erleben, wie es nach der Revolution wurde. Der kubanische Freund in Brasilien schenkte mir die Gelegenheit, seine Familie zu besuchen.

Die Friedensorganisation SERVAS, die den Sinn hat, dass Menschen aus aller Welt einander zu Hause kennenlernen, begann mit ihrem ersten Gastgeber, Kuba in sein internationales Netz einzubetten. Ich wurde der erste SERVAS-Gast beim ersten SERVAS-Gastgeber in Havanna.

Ich durfte ein Kuba erleben, das andere Touristen im Pauschalurlaub ebenso wie als Individualreisende auf den üblichen Stationen Havanna – Viñales – Cienfuegos – Trinidad – Varadero kaum zu sehen bekommen.

Ich bin dankbar dafür; deshalb schreibe ich über dieses Kuba im Wandlungsprozess.

Namen von Personen habe ich geändert, manche Zusammenhänge habe ich anders miteinander verknüpft, um einen Sachverhalt deutlicher zu illustrieren.

Beobachtungen habe ich wirklich so gemacht, wie ich sie wiedergebe.

Manche Geschichten sind ganz meine Fantasie, aber angeregt durch Begebenheiten oder Beobachtungen, die nahelegen, dass es auch wirklich geschehen könnte.

In diesem Jahr 2017 werden mehr als vier Millionen in Kuba zu Gast sein, bei elf Millionen Kubanerinnen und Kubanern. Eine weitere Steigerung ist beabsichtigt. Diese vier Millionen und mehr Menschen Jahr für Jahr werden das Leben auf der Insel weiter verändern. Ich wünsche den Menschen in Kuba, dass sie sich ihre eigene Art bewahren können, dass sie ihre lebenskünstlerische Lebensweise mit Stolz und Würde nicht aufgeben, dass sie ihre Liebenswürdigkeit behalten.

Am Strand von Las Bocas, wo (noch) (fast) nur Einheimische Urlaub machen

Restaurant im Urlaubsresort Varadero

Preise

„Gefallen? Es hat sich immer alles nur um Geld gedreht. Das eigentliche Kuba hat uns schon gefallen", sagt ein Ehepaar, das in 14 Tagen in den „schönsten Orten Kubas" war: Havanna, Viñales, Cienfuegos, Trinidad, Strand von Varadero. „Immer musste man sich einsetzen, als Tourist nicht zu viel Geld zahlen zu müssen."

„Doch, wir haben schon mitbekommen, wie die Kubaner kämpfen müssen, in ihrem täglichen Leben, ums Überleben", sagt ein anderes Ehepaar, das die gleichen Stationen auf seiner Rundreise besuchte. „In Havanna hat uns so ein schmächtiger Mann auf der Fahrradrikscha (bici) alle Sehenswürdigkeiten gezeigt. Fünf CUC wollte er dafür. Ihm hat das sogar Freude gemacht, er war irgendwie stolz, uns so viel Schönes von Kuba zu zeigen. Dabei hat er geschwitzt und sich abgestrampelt. Wir haben Halt gemacht für einen Kaffee. Es gab eine Warteschlange, also hat er uns eine Stelle gezeigt, wo eine Frau an ihrem Wohnzimmerfenster Kaffee bereit hält, für einen Bruchteil des Preises in dem touristischen Café und obendrein noch so entsetzlich süß, aber stark und gut. Wir haben unserem Fahrer einen Kaffee spendiert und der Frau den Preis bezahlt, den wir in dem anderen Café hätten bezahlen müssen. Und am Ende haben wir dem Fahrer zehn CUC gegeben. Das hatte er sich echt verdient. Oder was meinen Sie?"

Ein Euro entspricht etwa 1 CUC, es ist die kubanische Währung für TouristInnen. Ein CUC entspricht etwa 25 Pesos, das ist die kubanische Währung für die einheimischen KubanerInnen.

Als ich in meiner Gastfamilie angekommen bin, habe ich schon gelernt, dass Fleisch rationiert billig in den staatlichen Läden (bodegas) abgegeben wird. Auf der Fahrt durch das Land habe ich Obstbäume in Hülle und Fülle gesehen. Auch hinter dem Haus meiner Gastfamilie steht ein Mangobaum, voller Ansätze zu Früchten. Wind und Regen, die in der Regenzeit ab Mai anstehen, werden die meisten davon verwehen, aber die hohe Zahl an Blüten verspricht eine reiche Ernte.

Tropische Früchte mit vollreifem Geschmack, nicht die Flug-Ananas für zwei bis drei Euros, die auf dem Schiff gereifte Papaya für acht Euro oder die grün geernteten Bananen wie in Deutschland warten in Kuba auf mich. Auch wenn Kühe, Schweine und Hühner hier noch glücklich sein dürfen, weil sie frei herumlaufen, als Zufutter höchstens Essensreste bekommen und keine Chemikalien, verzichte ich in Erwartung der köstlichen Früchte gern auf Fleisch und Eier und mutiere vorübergehend zur Voll-Vegetarierin. So hoffe ich auch, die Gastfamilie nicht in Bedrängnis zu bringen, ihre knappen Rationen mit mir teilen zu müssen.

„Ich habe mich schon in Deutschland so darauf gefreut, Guaven, die kleinen Bananen, Papayas, Ananas und Mangos zu essen", antworte ich auf die Frage meiner Gastgeberin, was ich denn gern essen mag. „Naja, die Mangos sind noch nicht reif. Egal was für Obst, davon kann ich mich den ganzen Tag ernähren. Fleisch esse ich daheim auch nicht." Oma und Enkelin schauen sich an. Den Blick verstehe ich erst viel später. Natürlich erwähne ich auch, dass ich gespannt bin, wie das typischste aller kubanischen Gerichte schmeckt, Moros y Christianos, Reis mit schwarzen Bohnen. Die extra für mich im Supermarkt gekaufte Tütensuppe vom ersten Abendessen verschwindet fortan vom Speiseplan, ich bekomme zur warmen Mahlzeit stets einen gemischten Salat aus Tomate, Gurke, Blattsalat, manchmal Bohnen oder Paprika oder Möhre dazu als Tüpfelchen auf dem i. Oma vermag es, Reis und Bohnen auf ihrer einen einzigen Herdplatte köstlich schmeckend zuzubereiten. Jedes Mal gibt es dazu frittierte Kochbananen.

Glückliches frei laufendes Schwein

Kein Glück mehr erlebendes Schwein: Privater Fleischverkauf

Mein Frühstück ist eine Obstplatte aus Guave, Banane, Papaya, wie gewünscht. Oma isst das anscheinend nicht. Als ich aus der Stadt ein großes Stück schnittfestes Guavengelee mitbringe, strahlt sie. Ich habe 1 CUC dafür bezahlt . Nachmittags genießt sie eine oder zwei Scheiben davon auf einer Scheibe weichen weißen Brotes, dazu brüht sie sich einen dünnen schwarzen Kaffee auf und rührt Milchpulver ein. Es erinnert mich an meine Kindheit, wenn wir Malzkaffee tranken und dazu nachmittags ein Marmelade- oder ein Zuckerbrot aßen. Nur sonntags gab es Bohnenkaffee und selbst gebackenen Kuchen. Tatsächlich backt auch Oma am Sonntag einen Biskuitkuchen aus vier Eiern (von eigenen Hühnern) im Kochtopf, denn sie hat keinen Herd mit Backofen.

Oma schluckt täglich brav eine meiner mitgebrachten Vitamintabletten, die den allround Vitaminbedarf für ältere Menschen ab 50 abdecken. Ihr Sohn gab mir den Hinweis, dass das ein ideales Mitbringsel für sie sei. „Wieso isst sie nicht einfach das Obst selbst, das es hier gibt?", frage ich die Enkelin, „Dann bräuchte sie keine Tabletten." „Weil das Obst erst mal abgezogen wird in die Ferien-Ressorts. Die TouristInnen erwarten doch vom tropischen Kuba das tropische Obst. Da geht auch das beste Fleisch hin, eben alles, damit es denen für ihr Geld auch gut geht."

Am Sonntag kocht Oma Sonntagsessen, Reis mit Huhn, es ist köstlich gewürzt. Mein anderer Gastgeber in Havanna holte seine Ration Huhn ab, für einen Single etwa ein Pfund pro Monat. Wenn er mehr Huhn essen will, muss er es (teurer mit CUC) kaufen. Das Rationsfleisch besteht aus Haut, Knochen, Fett und Fleisch, eben allem, was an einem Huhn dran ist.

Eines Abends an einem anderen Ort, gehe ich in ein Restaurant essen, vom Reisehandbuch empfohlen für seine typisch karibische Küche. „Hier essen auch Einheimische gern", behauptet es. Während ich dort speise, sitzt am Nebentisch ein älteres deutsches Ehepaar in Trekkinghose und Wanderschuhen, das gleiche Reisehandbuch auf dem Tisch.

An einem weiteren Tisch sitzt breitbräsig ein fetter älterer Kubaner, raucht eine dicke Zigarre und schmettert laut Anweisungen ans bedienende Personal. Seine Begleitung ist eine junge Frau, die als Model oder auch anderes durchgehen könnte, wobei ihre junge Schönheit zur Geltung gebracht würde. Sie dürfe sich ruhig alles bestellen, was sie wolle, dröhnt ihr Begleiter großzügig. Sie wählt einen Cocktail und einen Salat, vermutlich um sich ihr Kapital in dem jetzigen Zustand zu erhalten, das ihr die Beziehung zu ihrem Gönner erst eingebracht hat, ihren Körper. – Er hingegen vertilgt eine riesige Fleischplatte und lässt Reste. Ein zweites Bier passt noch rein.

Ich wähle das Gericht der Woche, Huhn mit Ananas. Vor meinen Augen wird es zubereitet, eine kleine Ananas, eine ganze grüne Paprika und etwa 400 Gramm Hähnchenfleisch, pures weißes Brustfleisch, werden in gutem Olivenöl gebraten, in Ananassaft flambiert und in der ausgehöhlten Ananas serviert, garniert mit Scheiben von Guave, Sternfrucht, Melone und Papaya. Inklusive Reis und Salatplatte (weitere Gemüse und Obst tauchen auf, die ich in Omas Küche noch nie sah) bezahle ich zehn CUC. So hoch ist etwa die monatliche Rente alter Menschen in Kuba. Ich aß alles auf, hätte mich geschämt, Reste zu lassen, die weggeworfen würden von den Menschen, die es zubereitet und mir aufgetragen haben, Menschen, die sich zu Hause nie solche Mahlzeiten leisten können.

Selbstverständlich habe ich meiner Gastfamilie gleich zu Anfang Geld in CUC-Währung gegeben, damit sie alles, was sie zusätzlich nur für mich und wegen mir tun, nicht selbst finanzieren müssen. Wir fahren zusammen auf der Pferdedroschke, während sonst Vater, Mutter und Kind zusammen auf einem Fahrrad von ihrem Zuhause zu Verwandten vor Ort, zum Einkaufen oder zur Kirche fahren. Am Geld liegt es nicht, dass es bis in die letzten Tage meines Aufenthaltes dort dauert, bis Oma mir Ananas serviert. Sie hat alle privaten Verkaufsstellen in der Nachbarschaft abgeklappert und ist nicht fündig geworden, bis sie sie entdeckt, als wir zusammen vom Strand zurückkommen, quasi beim Direktverkauf an einem Ananasfeld. Wir erstehen eine der raren Früchte, die nicht vom Feld gleich in die Touristenhotels und –restaurants verbracht werden.

In den Touristenorten tauchen Ananas auch auf den carretarias auf, kleine private Verkaufsstände auf Rollrädern. „Quanto?", frage ich nach dem Preis. „15 Pesos". „Bueno", bestätige ich den Kauf. Der Verkäufer, ein älterer Mann, schaut mich etwas genauer an. Irgendetwas an meinem Spanisch muss ihn verwirrt haben. „One CUC" schießt es auf Englisch aus ihm heraus; das wären umgerechnet 25 Pesos. Ich zahle schweigend.

Am letzten Tag in der Gastfamilie entdecke ich in der Nachbarschaft ebenfalls eine Ananas, auf einem Tisch, der vor einem Wohnhaus regelmäßig mit Gemüse und Obst bestückt wird. „Quanto?", erfrage ich den Preis für eine dicke, fette, vollreife Ananas. „25 Pesos", sagt die

Frau mittleren Alters. Ich habe kein kubanisches Geld und auch keinen der Summe entsprechenden CUC-Schein. „Nehmen Sie doch einfach die CUC, ist egal, ist ok!", biete ich ihr die höhere Summe an. Über mich ergießt sich ein Schwall des weichen kubanischen Spanisch. Sie redet schnell und immer schneller, lässt mehr und mehr Wortendungen weg, dennoch ist ihre Botschaft eindeutig. „Ich haue keine Touristen über's Ohr. Für mich sind alle Menschen gleich. Ich hab diesen Laden seit elf Jahren und noch nie jemand betrogen. Es mag mir gehen wie es will, aber ich beute keinen anderen Menschen aus." Derweil kramt sie in ihrer Kasse und zählt exakt so viele zerknitterte, vergilbte, abgenutzte Peso-Scheine als Wechselgeld ab, dass ich genau 25 Pesos bezahlt habe. „Mir soll niemand nachsagen, dass ich hier unterschiedliche Preise für kubanische Menschen und nicht-kubanische Menschen mache."

Carreteria – privater rollender Verkaufsstand für Obst und Gemüse

Kinderfreude

Auf dem Marktplatz in Bremen findet sich Samstags ein kleiner schmächtiger Mann ein, gießt eine Flüssigkeit in eine Plastikschale, stellt sie auf den Kanister, nimmt zwei Stöcke, die durch Bindfaden in Schlingen miteinander verknüpft sind, taucht sie in die Flüssigkeit, hält die Stöcke in die Luft und der Wind weht durch die Schlingen. Um ihn herum wartet eine Schar von Kindern auf die vielen großen Seifenblasen, die wie aus dem Nichts von den Schlingen emporsteigen. Sie laufen ihnen nach, versuchen sie zu fangen. Die bunt schillernden Ballons lösen sich mit und ohne Berührung in das Nichts auf, aus dem sie aufgetaucht sind.

Für die Vierjährige in meiner Gastfamilie fallen mit meinem Besuch Weihnachten, Ostern und die Geburtstage der vergangenen Jahre auf einen einzigen Tag, der meiner Ankunft. Sie hat nach der Ankündigung eines Gastes aus dem fernen Deutschland darauf bestanden, ihr bestes (rosafarbenes, mit Glitzer besetztes) Kleidchen anzuziehen. Vorsichtig packt sie den Schuhkarton voller Kleinigkeiten aus, alle aus einem deutschen Billig-Laden und insgesamt im Wert eines abendlichen Essens in einem deutschen Restaurant.

Die Bleistifte lässt sie links liegen. Das kubanische Schulsystem ist kostenlos, darin sind Bücher, Hefte und Schreibutensilien eingeschlossen. Die vierjährige Grundschule (rote Schuluniform) geht von 7 bis 12 und 14 bis 16 Uhr, dazwischen gibt es staatliche Schulspeisung. Von der 5. bis zur 9. Klasse währt die secundaria (gelbe Schuluniform), Unterrichtszeit bis 17 Uhr. Daran schließt sich die dreijährige preuniversidad an (blaue Schuluniform). Seit Anfang der 1990er sind die Schuluniformen von den Eltern zu finanzieren. Nicht nur hat die Revolution von 1959 schon bald darauf (verstärkt durch eine Kampagne auf dem Lande) zur völligen Beseitigung des Analphabetentums geführt, sondern die Qualität des kostenlosen Bildungssystems ist so hoch, dass viele studieren. Für nur 11 Millionen Inselbewohner gibt es 12 Universitäten, 15 pädagogische Hochschulen und viele weitere Einrichtungen in der Hochschulbildung. Erwachsene KubanerInnen können zwischen zahlreichen Angeboten zur Weiterbildung wählen; Sprach- und Informatikkurse sind am beliebtesten.

Allerdings werden die Mittel immer knapper, Studenten müssen mit einem Stipendium von etwa 6 CUC im Monat auskommen, manche Bücher in der Bibliothek sind gar nicht zu bekommen, Computer und Kopierer sind weder häufig vorzufinden noch alle heil.

Schulmädchen auf einem Ausflug in der Stadt

Ich sitze auf einer der Bänke in der Fußgängerzone einer Stadt mit TouristenInnen aus vielen verschiedenen Ländern. Auf der Nachbarbank wartet ein etwa siebenjähriger kubanischer Junge mit seiner Mutter auf den Vater, der etwas in einem Geschäft besorgt. Das kann dauern, mit Warteschlangen ist zu rechnen. Die Mutter ist mit ihrem Handy beschäftigt, der Kleine wird ungeduldig, nachdem er eine Portion von irgendetwas Frittiertem vertilgt und eine Dose Limonade geleert hat. Er beginnt, Slalom zwischen den Bänken zu laufen, wobei er haarscharf zehn Zentimeter an meinen nackten Zehenspitzen in meinen Flipflops vorbeischießt.

Ein Ehepaar mittleren Alters schlendert heran, aufmerksam seine Umgebung wahrnehmend. Ihre Füße stecken in Dr. Scholls gesunden

Sandalen, seine Hose ist von der Trekking-Qualität, die die vertraute Marke verspricht, ihr Rock ist aus Bio-Baumwolle, kurz Deutsche, die sich Gedanken machen über ihre Lebens- und Reiseweise. Sie sehen den kleinen Flitzer, halten an, beraten sich kurz miteinander. Er nimmt seinen Rucksack vom Rücken, entnimmt einen Bleistift aus einer größeren Packung und gibt ihn ihr. Sie geht zurück zu dem Jungen, hockt sich vor ihn, wie man das macht, wenn man nicht überheblich von oben herab mit Menschen umgehen will, und überreicht dem verblüfften Jungen den Stift. Er nimmt ihn zögerlich, dreht sich dabei vergewissernd nach seiner Mutter um, die allerdings weiter mit Handy beschäftigt ist und nichts um sich herum wahrnimmt. Als die deutsche Frau zufrieden mit sich lächelnd weiter geht, verharrt der Junge noch ein paar Sekunden, bevor er mit dem Stift zu Mama stürmt, sie anschubst, sich Gehör verschafft, auf die Davongehenden zeigt. Die Mutter lächelt, kommentiert wohlwollend, beide zucken mit den Achseln und dann strahlt der Junge.

Was wird er seinen Freunden erzählen? Was werden die Kinder daraus schlussfolgern? Ich habe nie Kinder bettelnd erlebt.

Während ich in meiner Gastfamilie mit meinem Tintenroller Tagebuch schreibe, bittet mich die 83-jährige, meinen Stift einmal ausprobieren zu dürfen. Sie wolle einfach nur mal ausprobieren, mit was für Stiften unsereins denn so schreibt. Sie schreibt ihren Namen in ihre Handinnenfläche und sagt anerkennend, dass er gut rollt und nicht schmiert, ein feines Schriftbild ergibt. Auf den Gehsteigen habe ich unter den vielfältigen Angeboten von Privathändlern Bleistifte (wie ich sie als Geschenk mitgebracht habe und wie der kleine Junge ihn überreicht bekam) und Einweg-Kugelschreiber gesehen.

Meine mitgebrachten Bleistifte habe ich nie in Verwendung erlebt. – Ich hatte nicht darüber nachgedacht, dass es auch eines Anspitzers bedürfte.

Die aufgeweckte Vierjährige in meiner Gastfamilie hat unbedingt eine Begrüßung auf Englisch für den mit Spannung erwartenden Gast lernen wollen. – Als sie das Geschenkepaket ausgepackt hat, sagt sie (ohne Aufforderung von Erwachsenen) immer wieder „thank you" und „gracias" in Abwechslung. Es kommt ihr nicht brav und artig über die Lippen, sondern aus tiefster Inbrunst. Beim Zubettgehen gesteht sie ihrer Mama: „Das war der schönste Tag seit Langem in meinem Leben."

Knetgummi und Buntstifte kennt die Kleine, auch wenn sie noch nie so viele verschiedene Farben davon gehabt hat. Filzstifte, Wachsmalkreiden, Wasserfarben und Glitzerstifte wollen ausprobiert werden. Die Uroma wird gebeten, aus ihrem Regalfach mit den selten gebrauchten Gegenständen ein Blatt weißes Papier zu bringen. (Während der Zeit meines Besuches verbrauchen wir gemeinsam insgesamt 3, in Worten drei Blatt weißes Papier.) Vorsichtig drückt sie die Stifte auf, ihre Striche werden blass. Erst recht kommt kaum Farbe zu Papier, als sie den Pinsel mit Wasserfarben verwendet. Offensichtlich hat sie all diese Dinge schon gesehen, aber ist mit ihren vier Jahren nicht gewohnt oder gar geübt darin, sie anzuwenden. Als ich mit der Bastelschere Muster schneide oder aus einem Streifen Papier tanzende Mädchenfiguren oder Zierdeckchen mit Lochmuster bastle, ist ihr das nicht vertraut. Die Mutter meint, ich solle ihr, der Mutter, erklären, wie man das macht.

Die 26-jährige schaut sinnierend auf die Stifte: „Als ich klein war, hatte ich natürlich alles, was wir in der Schule bekamen, Bleistifte, Buntstifte, Malkasten, aber ich habe mir immer Filzstifte gewünscht. Ich habe nie welche besessen."

Die Vierjährige besitzt einen Karton voll Spielzeug, etwa zweifache Schuhkarton-Größe: einige Lappen und eine alte Babykinderdecke, ein Set Plastikgeschirr (Kochtopf, Pfanne, Teller, Becher), dazu große Einweg-Plastiklöffel von einem Take-Away-Kaffee, zwei Gummibälle etwa 10 cm Durchmesser (aber sie kennt keine Spielarten, wie man mit einem oder zwei Bällen gegen eine Wand spielen kann), eine Barbiepuppe aufgelöst in Rumpf, Kopf und die vier Gliedmaßen, nackt, eine 10 cm große Plastikfigur, die einer Meerjungfrau ähnelt aber wie eine Puppe verwendet wird. Außerhalb des Kartons gibt es einen Bären, der größer als sie selbst ist, einen Kuschelhund und ein Plastikdreirad.

Pure Spielzeugläden habe ich nicht gesehen, einige Läden, die ein kunterbuntes Allerlei führen, verkaufen auch Kinderspielzeug, Marke kubanische Eigenproduktion.

Kubanische Eigenproduktion aus wieder verwertetem Plastik

Preis: zwischen 1 und 2 CUC

Plastik wird im selbst gebauten Ofen geschmolzen

In Kuba werden Plastikflaschen, wird alles aus Plastik nicht weggeworfen, sondern gesammelt. Es wird in selbst gebauten Öfen (mit Heizstäben) geschmolzen. Am Sonntag wird durchaus im gleichen Ofen ein Hähnchen gebraten oder ein Kuchen gebacken. Von Hand mit einfachem Werkzeug, einfachen Werkzeugmaschinen werden neue Gegenständen geformt.

Die Produktpalette bei Spielzeug reicht von der Supermann-Maske über Traktoren mit Anhänger, Puppenfiguren, Lastwagen bis zum Panzer. Für ein bis zwei CUC leistet sich dann und wann ein Vater, ein Mutter, Opa oder Oma das Geschenk. Noch überfluten den kubanischen Markt keine chinesischen Massen an Billigspielzeug; es wäre auch teurer als das selbst hergestellte. Noch bietet diese Heimindustrie fünf bis zehn

Männern pro Betrieb Arbeit, ein sehr niedriges Einkommen für stundenlanges Arbeiten.

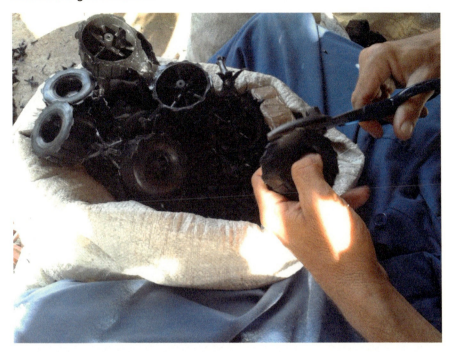

Heimbetriebe

Die Vierjährige besitzt kein Malbuch, kein Puzzle, kein Buch, kein Gesellschaftsspiel. Ich zeige ihr, was sie mit den mitgebrachten Glasmurmeln spielen kann. – Es ist alles so überwältigend zu viel, dass sie rastlos vom Ausprobieren des einen zum Ausprobieren des anderen wechselt. Sie geht nicht in einen staatlichen Kindergarten, sondern in einen privaten, weil sie aus irgendwelchen Gründen keinen Platz bekam. Das kostet Geld, aber bedeutet keine Qualitätssteigerung. Die Kinder spielen dort miteinander, bekommen eine Mittagsmahlzeit, werden beaufsichtigt. Ein Lernprogramm setzt mit der Vorschulklasse ein, die zum staatlichen Bildungssystem dazu gehört.

Meine englischen Fingerspiele und Lieder interessieren die Kleine zunächst nicht. Erst als ihr „Inne-winne-Spinne" nicht Spanisch vorkommt, weil sie die spanische Version kennt, beginnt sie, aufmerksamer hinzuhören, die Fingerbewegungen zum Spinnenlied kennt sie nicht und ahmt sie auch nicht nach.

Spielzeug einer Vierjährigen

Draußen im Hof liegt ein dicker Baumstamm. Ich balanciere darauf, deute Zirkusspiel an. Erst im Beisein ihrer Mutter traut sie sich, an meiner Hand über den Stamm zu gehen. Als ich ihre Hand loslasse und meine Hand zehn Zentimeter vor ihr für den Notfall bereit halte, wankt sie, wird unsicher und will nicht weiter gehen. Im Laufe eines Nachmittags (und nach meinem beharrlichen Insistieren sowie gutem Zureden und Lobeshymnen für jeden Schritt) gelingt es ihr, ein einziges Mal nicht an der Hand über den 30 cm breiten glatten Stamm zu gehen.

Spielplatz einer Kleinstadt (gut besucht außerhalb der Schulzeit)

Sie tanzt. Sie tanzt zu selbst gesungenen Rhythmen schon so feminin, völlig dem Rhythmus hingegeben und dabei mit dem Po wackelnd und die Augen niederschlagend, als ginge es um einen Auftritt in einem Nachtlokal kurz vor Mitternacht. Die Erwachsenen lachen und erfreuen sich am koketten Tanz, so dass sie diese Nummer wiederholt und weiter perfektioniert.

Nur eines meiner Geschenke entlockt ihr das ganze Kind und wird vermutlich für immer mit dem Besuch aus der Ferne verbunden bleiben, der kleine Behälter Pustefix. Ihr selber gelingen keine Seifenblasen, genauer gesagt: Sie versucht es nur ein einziges Mal und drückt die Dose danach in meine Hand. Sie hockt lieber gespannt wartend auf dem Fußboden, um dann in die Höhe zu springen, wenn die erste Blase aufsteigt. Sie läuft den schillernden Ballons hinterdrein, versucht sie zu erhaschen. Sie ist freudig erregt, hopst herum, klatscht in die Hände und sinkt in sich zusammen, wenn die letzte Blase geplatzt ist. Sofort fordert sie „nochmal" und erneut begleitet sie das kurze Schauspiel mit Juchzen. Als die Dose halb leer ist, rationieren die Mutter und ich das Spiel auf ein paar Mal Seifenblasen pro Tag. „Man kann das auch aus Spülmittel selbst herstellen", erkläre ich der Mutter und bekomme einen schweigenden Blick, keinen Kommentar. Spülmittel? Das wird verwendet, um den Kochtopf gründlich zu säubern, damit darin wieder die Mahlzeiten gekocht werden können. Spülmittel für die kurze Illusion von Seifenblasen-Glück?

Als ich nach dem Urlaub wieder dem Seifenblasen-Mann auf dem Bremer Marktplatz zusehe, fällt mir auf, dass nur wenige blonde, blauäugige deutsch aussehende Jungen und Mädchen so wild auf die Seifenblasen sind. Ich sehe mehr asiatische, arabische, afrikanische Kindergesichter, die selbstvergessen den kurze Zeit schillernden Luftbällen entgegen und hinterdrein schauen oder laufen.

Tanzendes Kind an einem Strand

Kriegsbeute

Der kubanische Autor Leonardo Padura stellt in seinem Roman „Ketzer" die Hauptfigur Mario Conde als einen typischen Macho dar, der zu diesem Persönlichkeitszug steht. Conde möchte sein bildschönes Gegenüber gern trösten, als sie in Tränen ausgebrochen ist, weil sie Angst um ihre verschwundene lesbische Geliebte hat: „Conde stand auf und bat den Kellner um Servietten. Der Kellner brachte zwei, exakt abgezählt und ungern. Offenbar gehörten die Servietten zu seiner Kriegsbeute." (Padura, Ketzer, 2014, S. 489)

Brav war ich dem Rat von Reisehandbüchern über Kuba gefolgt und hatte mich mit einem Stapel Papiertaschentücher versorgt, deren Vorhandensein in meiner Handtasche ich sorgsam vor jedem Toilettengang prüfte. In der Regel verbrauchte ich pro Tag möglichst wenig von der kostbaren importierten Ware. Auf Busbahnhöfen traf ich eine Frau (seltener einen Mann) an, der mir 1 kubanischen Peso (etwa vier Cent) abknöpfte und mir dafür etwa vier Blatt von der wertvollen einlagigen Papierrolle in ihrer Hand überreichte.

Nach Verbrauch entsorgte ich das gute Stück in einem Behälter neben der Toilette. Nein, nicht zur Wiederverwendung, sondern damit die Toilette nicht verstopft. Der erheblich schwächere Druck auf jeder Wasserleitung ließ mich jedes Mal staunen, dass verschwand, was verschwinden sollte.

In allen Hotels, in allen touristischen Restaurants, in allen casas particulares (Privatunterkünften) ist die Rolle Toilettenpapier Selbstverständlichkeit. In Familien ist sie ein Zeichen von gewissem Wohlstand oder Anspruch. Meine Gastfamilie hatte 1 Rolle der weichen einlagigen Sorte (für mich) besorgt. Der Entsorgungseimer hatte einen mit Stoff und Rüschen gehandarbeiteten Pappdeckel, eine liebevolle Geste gegenüber dem ausländischen Gast, ohne wissen zu können, dass in meiner eigenen Kindheit auf dem Lande die Tageszeitung in 10 x 15 cm große Stücke auf ein Stück Draht gespickt auf dem Plumpsklo hing, draußen im Hinterhof, mit einem Loch in Herzform in der Tür. Als ich von einem Stadtbummel 4 Rollen à 1,60 CUC (etwa 1,60 Euro) mitbrachte, ging ein Strahlen über Omas Gesicht. Ich hatte den Nagel auf den Kopf getroffen mit meinem Präsent. Für sie ist der Laden, wo man mit Devisen oder mit der umgerechneten Währung das 25fache in einheimischen Pesos bezahlt, keine Option, dafür hat sie kein Geld.

An unserem gemeinsamen Strandtag führte Oma selbst die nötige Ration des kostbaren Papiers mit, wohl wissend, dass sie es dort brauchen würde, weil öffentliche Toiletten es nicht zur Verfügung stellen; es würde gewiss binnen kürzester Zeit als allgemeines Volksgut direkt vom Volk wahrlich sozialisiert und umverteilt.

Erst am vorletzten Urlaubstag war ich unvorsichtig geworden. Mein Körper lechzte nach einem Milchprodukt. Kindern bis zum Alter von acht Jahren und Schwangeren steht täglich eine Ration Milch zur Verfügung. Dafür muss lediglich morgens ab halb sieben vor dem Milchladen Schlange gestanden werden. Für andere gibt es Milchpulver zu kaufen, auch Joghurt – aber im Laden, wo Devisen erwünscht sind, also erheblich teurer. Ich entdecke den Joghurt meiner Bauchträume dort, in einem Regal und in einem Kühlregal. Der Datumstempel verspricht eine Haltbarkeit bis Ende des Jahres, nicht an die Bedingung einer Kühlung geknüpft. Der Vierjährigen in meiner Gastfamilie war ein solcher Joghurt bekommen, also könnte mein Magen das inzwischen auch bewältigen. Oma hatte auch davon genascht, nur die komischen kleinen dunkelroten Bröckchen darin hatte sie sorgsam mit einem Löffel raus geworfen. „Oma, das sind Erdbeeren!", rief die Enkelin entsetzt. Sie hatte mir verraten, dass sie gerne mal nach Europa reisen und dann dort echte Erdbeeren probieren wolle. Selbstverständlich wählte ich einen Joghurt mit exotischer Note, wie die Enkelin, für mich war das Ananas.

Die folgende Nacht verbrachte ich mit nicht enden wollenden Gängen zur Toilette mit dem Resultat einer sehr wohl endenden Toilettenpapierrolle. Daher bat ich am nächsten Morgen bei der Zimmersäuberung um Ergänzung.

„Ach, das tut mir schrecklich Leid", seufzte die Pensionsmutter. „Ich habe mir gestern die Hacken abgelaufen nach Toilettenpapier. In fünf Läden war ich, nichts, gibt es zurzeit nicht, gar nicht. Wer weiß, wann es wieder rein kommt. Aber ich habe einen Riesenstapel Servietten, die gab es irgendwann mal, da hab ich zugeschlagen. Darf ich Ihnen die anbieten?"

Kriegsbeute. Lohnt sich. Sollte nicht auf Tränentrocknen verschwendet werden.

Der Wandel

Sozialismus, Ende des Sozialismus, Anfang von Kapitalismus, Wildwuchs, staatlich kontrollierter Kapitalismus – kubanischer Sozialkapitalismus? Was ist es, was wird es?

Fest steht: Vor 1990 war es noch anders. Die Revolution von 1959 beseitigte Analphabetismus und sorgte für ein Gesundheitssystem, das die Säuglingssterblichkeit auf ein Niveau senkte, das zu den niedrigsten der ganzen Welt gehört. Die Wirtschaftsunion mit der Sowjetunion und den anderen osteuropäischen kommunistischen Ländern führte zu regem Warenaustausch, der die Handelsblockade der USA (und weiterer kapitalistischer Staaten) zur Bedeutungslosigkeit schrumpfen ließ. Kuba exportierte Zucker, Nickel und anderes, die kubanische Bevölkerung konnte importiertes Benzin, Baumwollkleidung oder Äpfel aus den befreundeten kommunistischen Staaten zu bezahlbaren Preisen erstehen, auch wenn manchmal eine Ware eine Zeitlang nicht vorrätig war.

Apotheke: übersichtliches Angebot und große Nachfrage

Alle hatten Arbeit und verdienten mehr oder weniger zwischen 10 und 40 Euro im Monat. Grundnahrungsmittel waren vorhanden und staatlich subventioniert billig, Bildung und Gesundheitsversorgung gratis und sehr gut.

Mit Zusammenbruch der Sowjetunion endete die Sicherheit des Systems. Der Warenaustausch mit den nicht mehr kommunistischen Ländern lief aus, die Wirtschaftsblockade von Seiten der kapitalistischen Länder , allen voran der USA, lief nicht aus und griff nun erst recht.

Am Einkommen der KubanerInnen änderte sich nichts – wohl aber am Angebot an Waren, die sie dafür kaufen können. Der kubanische Staat suchte nach Wegen, den einstigen Warenverkehr mit kommunistischen Ländern zu ersetzen und wandte sich an andere lateinamerikanische Staaten wie Venezuela, das Öl lieferte, wofür Kuba bereit war, seine wertvollen Medikamente zu exportieren, was wiederum das Angebot in den heimischen Apotheken erheblich einschränkt. Inzwischen ist auch Venezuela wegen seiner eigenen politischen und wirtschaftlichen Probleme ein unsicherer Partner für Kuba geworden.

Kuba hatte vor 1990 aus Solidarität seine hochqualifizierten ÄrztInnen in notleidende unterversorgte Regionen der Welt entsendet, seit 1990 bietet es sie im Ausland gegen Devisen feil. Nach wie vor genießen KubanerInnen kostenlose medizinische Versorgung, aber in den Apotheken sind kaum noch Medikamente vorhanden und es gibt sogar einige wenige Kliniken, wo die besten ÄrztInnen ausländische PatientInnen gegen Devisen exklusiv behandeln.

Die Grundversorgung wird über Bezugsscheine sichergestellt, im Laufe der Jahre immer knapper bemessen. Die Menschen stehen vor vielen verschiedenen Verkaufsstellen Schlange, vor dem Punte de Leche für Milch und Joghurt, vor dem Fleischerladen für Fleisch, vor dem Obst- und Gemüsestand für Obst und Gemüse. Das absorbiert Zeit und dennoch reichen diese staatlich subventionierten billigen Rationen nur etwa für ein Drittel des Monats aus.

Da endet der sozialistische Weg. Da endet die soziale Gerechtigkeit, die allen das Gleiche, jedem nach seinem Bedürfnis garantieren soll. Alles übrige Notwendige und Nicht-Notwendige muss irgendwie anders besorgt werden.

Bezugsschein-Heft

Chavez (Präsident von Venezuela, von 1999 bis zu seinem Tod 2013), unser bester Freund

Da beginnt der Kapitalismus. Da beginnen die Unterschiede, wo scheinbar allen gleiche Chancen zustehen, aber nicht alle ihre Chancen optimal entfalten können. Es geht darum, zu dem Geld zu kommen, mit dem man sich die Waren kaufen kann, die durch Bezugsscheine nicht abgedeckt sind, angefangen bei zusätzlich benötigtem Reis und Öl bis zu einem schicken T-Shirt, einem Paar Schuhen oder einer Karte für eine Stunde Internet (falls man die nötige Hardware in Form von Handy oder Laptop schon besitzt).

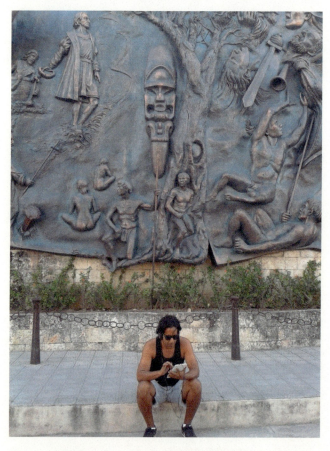

Wo viele Menschen mit Handy, Laptop, Kopfhörern zu finden sind, ist ein Internet-Hotspot. Hier vor einer Wandplastik, die historische Errungenschaften seit Ankunft von Kolumbus preist.

Über ein Vierteljahrhundert waren die KubanerInnen daran gewöhnt, dass die Revolutionsführer ihre Parolen umsetzten und sie ohne große individuelle Anstrengung im Prinzip ein sorgenarmes sicheres Leben führen konnten, das ihnen Muße für Musik, Kunst und Kultur ließ. Das nächste Vierteljahrhundert sind sie gefordert, denn die Parolen stehen nach wie vor an den Wänden, aber die Wirklichkeit entspricht ihnen nicht.

Etwa zehn Minuten musste ich warten, um im Gebäude des Provinzkomitees die Genehmigung zu erhalten, dieses Wandgemälde „Es lebe die Arbeiterklasse" fotografieren zu dürfen.

Die einen arrangieren sich mit den Engpässen, sind erfinderisch bei Ersatz, Reparatur und Umgang mit Ressourcen. Eine Hausfrau braucht keine Spülschwämme, sie zerschneidet zerschlissene Unterwäsche und verwendet sie beim Abwaschen und Putzen. Statt in einer Mikrowelle erhitzt sie den Reis im Heißwasserbad. Mit einem handgeschreinerten Kindersitz aus Holz auf der Fahrradstange sind Vater (lenkend), Mutter (Gepäckträger) und Kind (Kindersitz) in der ganzen Stadt mobil, Mutter balanciert dabei die Torte in ihren Händen, die sie Oma zum Festtag mitbringen.

Transportmittel von Vater, Mutter, Kind

Die anderen schaffen den großen Sprung in wirklich lukrative Unternehmen. Es macht einen Unterschied, ob man das Wohnzimmerfenster öffnet und täglich ein paar Kannen Kaffee und Sandwiches an Passanten vor Ort verkauft oder ob man in einem Urlaubsressort ein Café eröffnen kann. Es macht einen Unterschied, ob man in einem Restaurant eines Ortes im Oriente (Osten der Insel) kellnert und sein Gehalt bezieht oder ob man in Havanna, Varadero oder Guardalavaca bedient und ein Vielfaches an Trinkgeld von den ausländischen TouristInnen zugesteckt bekommt. Es macht einen Unterschied, ob man sein Fahrrad zu einem Bici umbaut und bestenfalls gelegentlich mal eine Touristin für 1 bis 4 CUC transportiert oder ob man dem guten alten Familienstück, einem 60jährigen Chevi einen neuen Toyota-Motor verpasst und TouristInnen kutschiert, die einfach nur mal ne Spritztour in dem geilen alten Ami-Schlitten zu ihrem Ferienspaß erküren und dafür großzügig 10 bis 40 CUC hinlegen.

Es macht einfach einen Unterschied, ob Waren und Dienstleistungen zwischen den kubanischen KonsumentInnen getauscht werden oder ob das Geld als echte Devisen von außen in kubanische Hände kommt.

Es macht auch einen Unterschied, woher die Waren kommen, an deren Verkauf verdient werden kann. Eine Frau sitzt am häuslichen Küchenfenster und verkauft selbst gemachte Süßigkeiten. Ein junger Mann bastelt einen Backofen mit Heizstäben, stellt ihn in einen kleinen Kiosk, beschäftigt ein paar Frauen, die Pizzateig herstellen, während er selbst am Ofen steht, Bestellungen entgegen nimmt und um die Mittagszeit in rasantem Tempo eine Minipizza nach der anderen für wenige Cent das Stück verkauft.

Selbst gemachte Süßigkeiten – Laden am Hauseingang

Ein Mann sitzt tagelang vor einem Tablett mit seinem Verkaufsangebot: 2 Batterien, 4 Bleistifte, ein Paket Kugelschreiber, 20 Nägel, eine Packung Pflaster… ein Sortiment, von dem niemand sagen kann, woher diese kuriose Zusammenstellung kommt. Ein anderer sitzt vor 2 Wasserhähnen, 1 Stück Schlauch, 1 Feile. Sie sitzen am Straßenrand und niemand weiß so richtig, ob sie eine Verkaufsgenehmigung haben, ob sie als private Händler zugelassen sind. Und niemand weiß so richtig, die Händler selbst am wenigsten, wann sie ihre Ware verkaufen und zu welchem Preis. Sie sitzen und warten, sie sitzen nicht alleine, sondern meist in Reihen zu mehreren. So können sie sich die Zeit mit Gesprächen vertreiben, einem Kaffee, Zigaretten, Tratsch und Diskussion.

Hier werden Handys repariert.

Ich fotografiere einen Tisch mit Handys und Werkzeug in einem Hauseingang, anderthalb Meter darüber hängt ein Schild „Hier werden Handys repariert". Der junge Mann springt entsetzt auf, verdeckt seine Augen mit einer Hand und wedelt mit der anderen abwehrend, dass ich das Fotografieren unterlassen soll. Ein paar Meter weiter fotografiere ich einen ebensolchen Stand, das Schild befindet sich direkt am Tisch. Vermutlich betrieb der erste sein Angebot ohne Genehmigung und befürchtete, dafür angezeigt und bestraft zu werden. – Der Staat verliert immer mehr die Übersicht über zugelassene und selbst ernannte Privatunternehmer. Polizeiliche Kontrolle funktioniert nur dort ausgezeichnet, wo der einzelne Polizist der Versuchung widersteht und nicht beide Augen zudrückt, um selbst mit einem kleinen Anteil am Geschäft das Gehalt aufzubessern.

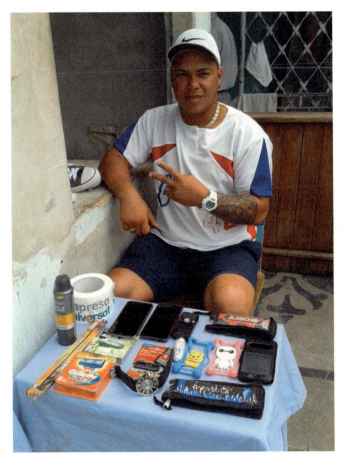

Sortiment eines Verkäufers – ein 16-GB-USB-Stick soll 12 CUC kosten, die Summe von etwa einer monatlichen Rente oder die zweifache Höhe des monatlichen StudentInnen-Stipendiums

So funktioniert die Kontrolle auch oder eben nicht, wenn KubanerInnen das einzige anbieten, über das sie frei verfügen können, ihren eigenen Körper, junge Kubanerinnen an richtig alte Touristen und junge Kubaner an junge oder auch ältere Touristinnen – mit und ohne Heiratswunsch, je nach Vaterlandsliebe oder Fernweh. Fidel Castro hat das Gesetz zu Prostitution noch einmal verschärft, aber es fällt manchem Staatsdiener oder Türsteher an Bars schwer, auf einen kleinen Anteil am Verdienst in diesem Geschäft zu verzichten, wird doch hier quasi ohne Kapitalinvestition direkt Geld gemacht, was mit Sachwaren wesentlich umständlicher ist.

Das neueste Modell vor sozialistischem Wohnungsbau – mit Friedenstaube

Auf welchem Wege auch immer: Es gelingt Exilkubanern in Florida, Elektromotorroller chinesischen Fabrikats nach Kuba zu verschiffen, Stückpreis etwa 1000 CUC, Verkaufspreis in Kuba 2000 CUC. Der kubanische Staat läuft dem Bedürfnis der Bevölkerung hinterher, bis Planungsbürokratie dem Volke anbieten kann: „Von diesem neuen Modell werden in diesem Jahr etwa 5.000 Räder produziert, bei denen die Komponenten mehrheitlich aus der Volksrepublik China stammen. Es besitzt ähnliche Eigenschaften wie die von vielen Personen zurzeit importierten. Der größte Teil wird in den Läden zur Abschöpfung von Devisen zu einem Preis von 1.261 CUC verkauft." (Granma, 27.2.2017) Die staatliche Fabrik in Santa Clara versucht, mehr Komponenten aus Kuba selbst zu verwenden. Während der Staat sich bemüht, sozialistische Gerechtigkeit und Konsumwünsche auf einen Nenner zu bringen, verdienen viele am Vertrieb der auf nicht ganz legalem Weg importierten Fahrzeuge, am meisten diejenigen, die im Ausland sitzen.

Mercedes-Vertretung in Kuba

Inzwischen sind viele Markenfirmen in Kuba schon direkt vertreten, Nestlé, Adidas, Mariposa und wie sie alle heißen, von ausländischen Reiseagenturen und Hotelketten ganz zu schweigen.

Mercedes liefert schon lange Jahre Busse an den kubanischen Staat. Ganz vereinzelt sieht man inzwischen einen Mercedes der S-Klasse. Angesichts der Straßenzustände kann der Fahrer zwar das Potential seines Wagens nicht voll ausschöpfen, aber die Blicke seiner Mitmenschen sind ihm garantiert, wenn er galant-rasant die Schlaglöcher umschifft.

Natürlich schaffen diese ausländischen Firmen Arbeitsplätze – aber nicht auf dem Preisniveau der Waren, die sie vertreiben, sondern auf kubanischem Niedrigstlohnniveau. Wer das Glück hat, für sie in Touristenzentren zu arbeiten, nimmt ein Vielfaches an Trinkgeldern ein, der eigentliche Profit geht aber komplett ins Ausland. Es ist einzig und allein die Tourismusbranche, die in der kubanischen Wirtschaft ein deutliches Wachstum verzeichnet. Im Jahr 2017 werden die 11 Millionen kubanischen EinwohnerInnen von über 4 Millionen TouristInnen besucht oder sollte man von Heimsuchung sprechen? - Sie machen den Unterschied, sie verkörpern den Wandel.

In einer Kleinstadt im Osten sitzt eine junge Kleinfamilie abends zusammen beim Essen, bringt ihr Kind zu Bett und geht selbst bald schlafen. Sie wünscht sich einen Fernseher oder wenigstens wöchentlich vielleicht zwanzig Cent (0,20 CUC), um aus dem Internet herunter geladene Spiele und Filme in einem sogenannten paquete zu kaufen, die das Kind sich auf dem Laptop ansehen könnte. Im Schlafzimmer hängt ein Foto des Paares am Hochzeitstag.

Auf dem Lande im Osten sitzt Oma mit ihren zehn CUC Rente im Eigenheim, das ihr Sohn Jahr für Jahr mit seiner eigenen handwerklichen Erfindungsgabe und dem im Ausland verdienten Geld aufpoliert, vor einem winzigen alten Fernsehkasten. Das Bild ist mehr oder weniger farbig bis grau meliert und flackert. Der Ton hallt und bewegt sich hinter der Mundbewegung der Sprechenden her. Sie sieht sich die Nachrichten im staatseigenen kubanischen Programm an und

Serien. Über dem Fernseher hängt ein Geschenk einer Enkelin, die in den USA lebt, ein Familienfoto.

In Havanna sitzt der junge Mann, der als Touristenführer arbeitet, entweder im Wohnzimmer vor einem großen Flachbildschirm oder er legt sich ins Bett und blickt auf einen weiteren Flachbildschirm an der Wand. Er sieht sich in hervorragender Bild- und Tonqualität aufgezeichnete gekaufte Serien an. Unter dem Ventilator hängt ein kleines Bild von Che Guevara, ein Geschenk eines ausländischen Kunden, ein Altachtundsechziger mit nostalgischer Bewunderung für den im Befreiungskampf Ermordeten.

In Hotelzimmern und den meisten Privatunterkünften befindet sich selbstverständlich ein Flachbildschirm. Die Wände sind je nach Geschmack des Besitzers mit einer Reproduktion eines bekannten Gemäldes oder mit original lokaler Kunst bestückt.

Wohnungen in Vedado / Havanna

Das Haus der jungen Familie hat ein Wellblechdach, das im Sommer für eine Bullenhitze in den Räumlichkeiten sorgt und bei Regen niemanden schlafen lässt, solange die Tropfen und Ströme darauf prasseln. Die Fenster sind Rahmen mit Fensterläden, die aus einzelnen Blenden bestehen, Holzlatten, die sich schräg öffnen oder vertikal eingestellt verschließen lassen. Je nach Alter dichtet das Holz gut ab oder ist morsch und zersplittert. Der Fußboden ist Beton, weniger glatt gestrichen, mehr schräg mit kleinen Kuhlen. – Beim Murmel-Spielen sind sie als Ziele gut geeignet.

Omas Haus hat ein Ziegeldach. Die Fenster bestehen aus Fensterläden mit Blech-Blenden. Der Fußboden ist gefliest.

Die Eigentumswohnung in Havanna hat zwei Zimmer mit Glasscheiben im Fenster, eines mit Blechläden und in der Küche Holzfensterläden. Der Fußboden ist gefliest. Die Decke wurde restauriert und Schäden beseitigt, es regnet nicht mehr durch.

Privatunterkünfte für TouristInnen finden sich nicht in Häusern mit Blechdächern. Die Fenster sind verglast, haben Moskitonetze davor, Vorhänge, Fensterläden obendrein. Auf so manchem Fußboden liegt ein Teppich.

Kein Wasserzufluss – das Wasser wird in Eimern geholt, für alles im Haushalt

Bad in einer günstigen Privatunterkunft für TouristInnen, heiße und kalte Dusche möglich, dekorative Wand- und Bodenfliesen

Alle diese Kubanerinnen und Kubaner wollen ihr Heimatland Kuba nicht verlassen. Verwandte und Bekannte, die sich vor Jahren ins Ausland begeben haben, werden ein bisschen beneidet, aber auch bedauert, dass sie ihre Familie nicht um sich haben, auf die Heimat verzichten und mit rauerem zwischenmenschlichem Umgang zurechtkommen müssen. Manch einer spricht voller Verachtung von den Menschen, die sich in waghalsiges Entkommen auf kleinen Booten stürzten, als die USA jedem, dem es gelang, am US-amerikanischen Ufer anzulanden, sofortigen Daueraufenthalt gewährte. „Wie kann man nur sein Leben aufs Spiel setzen und das gute Leben mit Familie und Freunden im Stich lassen!" Allenfalls wird ein OK gewährt, wenn jemand ins Ausland geht, um Geld zu machen und zurückzukehren, ein paar Jahre, aber nicht für immer.

Ein 18jähriger geht zwei Mal in der Woche zu einem Englisch-Sprachkurs. Fleißig lernt er für seinen Schulabschluss. Sein Opa sammelt US-Dollar; er kennt einige Menschen, die mit TouristInnen arbeiten und wissen, dass bei ihm die Währung gegen CUC getauscht wird, was der Staat offiziell (noch) sehr schwierig macht. Opa und Enkel werden der Mutter folgen, die schon in den USA Fuß gefasst hat. Was Opa und Mutter in Zukunft tun werden, ist unklar, aber für den Enkel steht fest: „Ich werde studieren, Hotelbranche, dann werde ich arbeiten und Erfahrungen sammeln. Glaub mir, in weniger als einem halben Jahrzehnt hab ich dann Ausbildung, Erfahrung und Geld und komme zurück, um meinem Land zu helfen. Ich liebe Kuba, ich muss nur zusehen, dass ich hier auch wirklich gut leben kann, eine Familie ernähren kann."

Nur einmal begegnet mir im Vorübergehen ein (vielleicht) anderer Typ. „Que linda!", ruft er mir entgegen. „Ich möchte dich heiraten", sagt er, als ich direkt neben ihm bin, eine verführerische Stimme. Ich lache ihn an, „Heute nicht!" „OK" gibt er sich einverstanden mit meiner Ablehnung. Folgenschwer für ihn: Nun kann er nicht nach Deutschland – falls er das überhaupt wollte. Folgenschwer für mich: Nun komme ich nicht in den Genuss eines dauerhaften Lebens in Sonne, Tropen und warmem menschlichen Miteinander.

Beim Friseur

Im deutschen Winter war es wohltuend, meine Haare über die kalten Ohren wachsen zu lassen, den Nacken nicht nackt rasiert dem Wind auszusetzen und die volle Mähne ohne Ausdünnung wärmespendend auf dem Kopf zu spüren. Im kubanischen Frühling bei 20° nachts und 30° tagsüber stellt mein Haar allenfalls Schutz vor Sonnenbrand dar, aber lässt mich gegen Mittag zum Hitzkopf werden und das heiße Köpfchen bremst meinen Aktivitätsdrang aus. Ich gehe zum Friseur, nein, zur Friseuse. Männer und Frauen gehen in getrennte Läden. Männer lassen sich rasieren oder die Haare schneiden – von Männern. Frauen lassen sich Frisuren gestalten – von Frauen.

Im Vorraum muss ich nur eine kurze Weile auf einem ausladenden Sofa warten, bis ich aufgerufen werde, durch einen großen hohen Saal in einen hinteren Bereich geleitet werde. Dort geht es hektisch zu. Die untere Hälfte einer weiß gestrichenen Wand ist dunkelgrün gefliest. In eine etwa 40 cm tiefe gemauerte Ablage sind zwei Waschbecken eingelassen, das linke in Rosa, das Rechte in Weiß. Darüber hängt ein großes Seerosenbild. Ich nehme, mit dem Rücken zum rosa Waschbecken auf einem der beiden weißen Plastikstühle Platz, Mobiliar wie es in Gärten auf deutschen Sommerpartys stapelweise für überraschend (zu) viele Gäste bereitgehalten wird. Kein Massagestuhl aus Leder, wie in meinem Cut-and-go-Laden in Deutschland, wo ich zu lieblicher esoterischer Musik eine Viertelstunde lang den Kopf gegrault bekomme, während mein Rücken sanft durchgeknetet wird.

Ein kleines Handtuch wird mir um die Schulter gelegt, mein Kopf zurück gebeugt und los geht's. Das Wasser fließt aus einem Gartenschlauch, ich warte darauf, dass die Temperatur noch abgestimmt wird, doch der Strahl trifft meine Kopfhaut, so wie er zu der Tageszeit aus der Leitung kommt, nachdem das frische, auf dem Dach von der Sonne erhitzte Wasser schon für die vorigen Kundinnen verbraucht wurde: kalt.

Ich werde auch nicht gefragt, ob ich Festiger wünsche oder ob ein spezielles Shampoo für mein Haar nötig wäre. Ich bekomme eine Ladung Shampoo aus der Universalflasche, die sozialistisch gleich für alle und für jede Art von Haar gut zu sein hat.

Es war unnötig, mir Gedanken über spanische Begriffe zur Absprache zu machen. Die gewünschte Frisur zeige ich auf einem Handy-Foto. „Alles klar", nickt meine Friseuse; mich stylt die Chefin persönlich, es kommt nicht alle Tage vor, dass sie garantiert nicht-krauses Haar frisieren dürfen. In Kuba sind im Laufe der Jahrhunderte kaum einheimische Tainos (mit schwarzem glatten Haar) übrig geblieben, die meisten Nachfahren der wenigen, die die Eroberung der Insel überlebten, befinden sich heute zurückgezogen und für sich in den Bergen im Osten. Spanier, Italiener, Engländer, Holländer, Franzosen, Chinesen ... sie alle haben sich irgendwann mit der Bevölkerung vermischt, die man zwangsweise für die Arbeit holte, versklavte Schwarze aus Afrika. Mein Haar ist, so wie ich, das Resultat von Generationen deutscher Vorfahren: leicht welliges Rotblond. Das stellt auch erstaunt die Frau fest, die mein Haar wäscht, meine Haarfarbe und –konsistenz sind echt und original. Sie scheint das zu testen, denn ihre Hände greifen voll hinein, ihre Fingerspitzen schrubben und kratzen die Kopfhaut, ziehen und kneten. Es geht wohl nicht darum, mein Haar zu waschen, sondern ich scheine es verdient zu haben, dass man mir einmal gründlich den Kopf wäscht.

Derweil werden die Kolleginnen informiert über den Befund, eine waschechte Deutsche, die sich den kubanischen Frisierkünsten anvertraut. Eine nach der anderen versammeln sie sich um mich herum vor dem großen Spiegel in braunem Holzrahmen, vor den ich für den Akt platziert werde. Im Spiegel kann ich die Reihe anderer Kundinnen an eben solchen Plätzen beobachten, soweit die Runde der Friseusen hinter meinem Rücken mir dafür die Sicht frei lässt.

Rechts von mir steht ein dreistöckiger Rollwagen mit allen Utensilien, die nun zum Einsatz kommen. Ich hoffe, dass sie nicht alle zum Einsatz kommen, wenigstens nicht die Rundbürste, die voller schwarzes Haar steckt. Doch das zu verhindern, steht nicht in meiner Macht. Das kleine Handtuch ist um meinen Kopf geschlungen, um meine Schultern wird ein großer schwarzer Plastikumhang geworfen, der Klettverschluss am Hals geschlossen. Ich blicke an mir herunter und sehe die Spuren vieler Behandlungen zuvor, Färbemittel, Spray, nicht analysierbare oder nicht identifizierbare Flecken, mehr Flecken als purer Umhangstoff, zumindest ein Beleg für Erfahrung mit Frisieren.

Gesamte Sammlung von Geräten, die der Friseuse in diesem Laden zur Verfügung stehen

Es folgt eine lange währende Aktion vorsichtigen Schneidens, Stufe für Stufe, rund um meinen Kopf herum, nicht zu viel auf einmal, tastend, was die ideale Länge werden könnte.

Dann wird geföhnt und erneut geschnitten, hier ein halber Zentimeter, dort eine Spitze, Wert darauf legend, dass es exakt links so aussieht wie rechts. Vielleicht haben sie irgendwo aufgeschnappt, dass es bei Deutschen ordentlich zugeht, alles sich in Reih und Glied zu befinden hat. Das ist bei mir deshalb problematisch, weil ich keinen Scheitel wünsche und mehr Haar auf die rechte Seite fallen soll, die außerdem von Natur aus die hellere mit natürlichen roten Strähnen ist. Mit Wirbeln und Wellen hatte die Friseuse wohl nicht gerechnet, also kommt eine Art Klappe zum Plätten dran, Spray und Gel, damit mein widerspenstiges Haar es sich nicht noch einmal anders überlegen kann und sich erneut in eine Welle biegt, wo es glatt in eine Spitze auslaufen soll.

Zu guter Letzt betrachten alle, meine Friseuse und ihre Kolleginnen stolz das Werk und bestaunen es „Que linda!" Ich möchte es ihnen gleich tun, blicke aber nach wie vor nur auf die Vorderansicht. Mir genügt das Lob von allen Seiten nicht, ich warte auf den Handspiegel, wie ich ihn ganz selbstverständlich in deutschen Friseurläden zur Betrachtung meines Hinterkopfes gereicht bekomme. „Hay um espejo?" „No hay." Naja, mit Handy-Foto kann ich auch meine Rückseite begutachten und loben. Nein, noch nicht aufstehen. Warum auch immer, mit einem Pinsel werden die kleinen abgeschnittenen Härchen auf Hals und Schultern weg gewischt und ein weißes Pulver wird aufgestreut. Gegen das Jucken von nicht entfernten Härchen? Zur Aufhellung von unerwünscht dunkler Hautfarbe – und für mich nur aus Gewohnheit? Ein Desinfektionsmittel?

Ich bin in den Genuss jeden Mittels gekommen, das in diesem Laden zum Waschen, Schneiden, Föhnen zur Verfügung steht, ungefragt. Mir wird alles gegönnt. „Wie viel?", erkundige ich mich nach dem Preis und frage drei Mal nach, weil ich befürchte, die Zahl ohne Endung gehört zu haben oder die Währung missverstanden zu haben:

1,20 CUC, im einzig möglichen Friseursalon des kleinen Ortes, dem staatlichen.

Frauen

Gebe ich „Frauen in Kuba" als Suchbegriff bei Google ein, bekomme ich vorzugsweise Tipps von nicht-kubanischen Männern, die empfehlen, die entgegenkommenden, attraktiven, freundlichen Kubanerinnen mit einem Blumenstrauß zu umwerben, damit sie mit Ausländern ins Bett gehen.

Suche ich Informationen zu „Sextourismus in Kuba" erscheinen in vorderster Linie Artikel von männlichen Autoren, die erstens erläutern, dass die Insel schon im spanischen Kolonialismus für Prostitution bekannt war, dass sie wie ein Quasi-Protektorat der USA in der ersten Hälfte des 20. Jahrhunderts als Kasino und Bordell galt und dass Fidel Castro die Prostitution nie ganz beseitigen konnte. Als zweites erklären sie, wie, nach Wegfall der Wirtschaftsbeziehungen zur Sowjetunion und den anderen osteuropäischen kommunistischen Ländern und mit zunehmendem Tourismus kubanische Frauen sich aus Not wieder prostituieren. Das Problem ist entweder die schlechte wirtschaftliche Lage, die Not in Kuba oder die lockere Sexualmoral der Kubanerin – es sind nie die Gelüste der Freier oder die Geschäftsgier der Zuhälter.

Mit dem Stichwort „Gleichberechtigung" komme ich dem Leben der Mehrheit von Kubas Frauen schon eher auf die Spur. Ausnahmslos sagen alle, dass die kubanische Gesetzgebung weitreichend ist: Gleicher Lohn von Mann und Frau ist Gesetzesvorschrift. Staatliches Gesundheitswesen hat die Säuglingssterblichkeit auf das gleiche Niveau wie in Deutschland gesenkt. Das Bildungswesen bringt einen sehr hohen Anteil an Universitätsabsolventinnen hervor.

Darüber hinaus ist die Beurteilung der Lage von Frauen in Kuba (von außen) gespalten: Wer schon immer SozialismuskritikerIn war, sieht einen Benetton-Laden in Havanna als Fortschritt. Wer antiautoritär bis anarchisch denkt, freut sich über das Erscheinen von Freaks an einer Straßenecke in Havanna, von Hiphop bis Emos. Feministinnen beklagen die unveränderte Macho-Haltung kubanischer Männer, die sich angeblich weder am Abwasch noch beim Windelwechseln beteiligen.

Auffallend bei allen Einschätzungen von außen ist die hohe Zahl von ausländischen Männern, die sich feministischem Denken verschreiben, um kubanische Gesellschaft und Politik zu kritisieren. Auffallend ist, wie wenig die kubanischen Frauen selbst interviewt oder beschrieben werden. – Und wenn es getan wird, wie in BRIGITTE 18/2008, dann wird eine besondere Auswahl getroffen: eine Filmemacherin, ein Überlebenstyp, eine mit der Gesellschaft zufriedene Nagelstudio-Besitzerin, eine berühmte Blogschreiberin, die Damen in Weiß (bekannt für ihren wöchentlichen Protest für politische Gefangene), zwei Mitglieder einer Frauen-Hiphop-Gruppe. Am Ende staunt BRIGITTE, dass alle Kuba lieben, obwohl die Mehrheit der vorgestellten Frauen schon im Ausland war (was auch ein Beleg dafür ist, dass eine besondere Auswahl an Frauen vorgestellt wurde: die wenigsten können sich Reisen leisten, schon gar nicht ins Ausland). BRIGITTE unterstellt zusammenfassend, dass alle einen Wandel in Kuba wünschen, obwohl bei der Frau mit Nagelstudio davon die Rede war, dass viele in deren Nachbarschaft eher Fidel Castros Kuba bewahren wollten.

Mit anderen Worten: Die kubanischen Frauen selbst kommen nicht zu Wort. Ihr Leben wird beschrieben – und sofort auch bewertet, gemessen an den eigenen Wertemaßstäben. – Von solcher Herangehensweise konnte auch ich mich nicht völlig frei machen.

Im Alltagsbild sah ich Frauen, anders als in den ehemaligen osteuropäischen kommunistischen Ländern, in den klassischen Frauenberufen: Sie nähen, arbeiten in Büros, im Gesundheitsbereich, machen sauber. Aber sie fahren keine Busse oder LKWs, gärtnern nicht in den öffentlichen Parks, reparieren keine Autos. Wenn ich durch geöffnete Fenster in Produktionsstätten sah, erblickte ich (eher ältere) Arbeiterinnen bei manuellen Tätigkeiten und die Aufsicht führte ein (eher jüngerer) Mann.

In politischen Funktionen dominieren Männer in der Führung des Landes, aber Frauen nehmen weit über die Hälfte der Führungspositionen in den Gemeinden ein. Fidel Castro bleibt eine vom Volk mehrheitlich verehrte Gallionsfigur der Revolution und steht für Lebensverbesserungen der meisten. Der von seinem Bruder Raul seit 2008 eingeführte Wandel (Liberalisierung) wird widersprüchlich gesehen. Während man sich im Ausland fragt, wer wohl einmal die Garde alter Männer ablösen wird, wirkt eine Tochter von Raul Castro schon kräftig in der Politik des Landes mit, mehr oder weniger nur am Rande wahrgenommen von ausländischer Berichterstattung.

Näherinnen

Zigarrenherstellung, (nicht so junge) Frauen unter (junger) männlicher Aufsicht

Frauen erledigen die Schreibarbeit im Büro

Mariela Castro ist Parlamentsabgeordnete und Leiterin des Nationalen Zentrums für Sexualerziehung (Cenesex). Schon seit vielen Jahren macht sie sich stark für Frauen, Homosexuelle, Transgender, nimmt kein Blatt vor den Mund bei allen kritischen Themen. Sie schaut sich

Lösungen aus allen Ländern an, um Vorschlägen für Kuba zu entwickeln, zu gleichgeschlechtlicher Ehe, Gewalt in der Familie, Kindesmissbrauch, Prostitution oder Menschenhandel. Sie steht mit ihren Forderungen in vorderster Reihe feministischen Denkens, fortschrittlicher Ideen und Vorstellungen von Veränderungen, die auch in anderen Gesellschaften als gewagt gelten. So fordert sie zum Beispiel Legalisierung von Prostitution und Organisierung in Gewerkschaft auf der einen Seite und Bestrafung von Ausbeutung durch Freier und Zuhälter auf der anderen.

In Familien erlebte ich die klassische Rollenverteilung: Frauen kochen, räumen, putzen, waschen.

Ein Vermieter einer Privatunterkunft versprach mir: „Wir machen Ihnen gerne morgen Frühstück." Am nächsten Morgen fragte mich der weibliche Teil des Wir, seine Ehefrau, nach meinen Wünschen, während er sich im Bad rasierte und danach mit der Kaffeetasse in der einen und einem Gebäckstück in der anderen Hand zum Plausch zu mir gesellte, während sie wiederum weiter in der Küche wirkte.

Ein (männlicher) Single bekochte mich und es machte den Eindruck, dass er nicht zum ersten Mal in der Küche stand. Seine Wohnung war ordentlich aufgeräumt, seine Kleidung sauber und in gutem Zustand. Ein anderer (männlicher) Single, der es sich leisten konnte, ließ alles gegen Bezahlung von einer Haushaltshilfe verrichten; zudem kam seine neue Freundin über Nacht; sie servierte ihm das vorgekochte Mahl und räumte anschließend den Tisch ab, während er mit einem Freund telefonierte.

Es war eine junge Familie, in der der Mann das Essen kochte, obwohl er den ganzen Tag arbeitete, während seine Frau keine berufliche Tätigkeit ausübte. Er holte auch das Kind im Kindergarten ab und versorgte es in den Stunden danach. Beide wuschen das Kind gemeinsam und Mama machte die Tochter schick. Familienfotos wurden mir mit großem Stolz gezeigt – dabei wurde besonders darauf hingewiesen, wie niedlich die Mädchen aussehen, mit Lackschühchen (oder Adidas-Sneakers), weißen Söckchen, Rüschen, Spitzen, Taft, Röckchen, Kleidchen, Schleifen und Spangen im Haar, in Rosa – herausgeputzt.

Ein-Blick: Klassische Rollenverteilung oder nicht? Wer hat die Hosen an? Wer kontrolliert die Ausgaben?

Selbst die Achtzig- oder Neunzigjährige legt Wert auf ihr weibliches Äußeres. In der Küche trägt sie eine Schürze, um ihre Kleidung vor Schmutz zu schützen. Doch wenn sie ausgeht, tauscht sie die Flipflops gegen Halbschuhe aus, trägt sie Rock mit frischer Bluse, kämmt ihr Haar durch und legt eine Halskette um. Ihre Fingernägel lackiert sie in zartem Rosa. Jeden Nachmittag, wenn die Sonne das Wasser im Tank auf dem Dach aufgeheizt hat, wäscht sie sich mit heißem Wasser und Seife. Sie pflegt sich – für sich selbst, denn ihr Mann hat sie schon vor vielen Jahren verlassen, als ihre Kinder noch klein waren. Ihr Beistand ist Gott.

Ein Eindruck vom Familienleben blieb in mir haften: Die kubanische Frau steht ihren Mann.

Eine Frau, Mari führt seit über einem Jahrzehnt eine casa particular, eine Privatunterkunft mit drei Zimmern. Ihre über 80jährige Mutter Maria bekocht die Gäste und die Familie und wird voller Hochachtung für ihre Lebensleistungen geschätzt. Für Mari ist es selbstverständlich, dass ihre Mutter bei ihr wohnt, dass sie sie zum Arzt begleitet und auf Behördengängen. Sie verhindert, dass ihre Mutter noch schwere körperliche Arbeit verrichtet, aber sie lässt sie deutlich spüren, dass sie im Zusammenleben noch eine wichtige Rolle spielt. Ich deponiere bei Mari zu Beginn meiner Reise Kopien von Reisedokumenten und etwas Geld zur Sicherheit. Als ich es mir am Ende meiner Reise zurückgeben lasse, bittet Mari ihre Mutter, die Papiere zu holen und erklärt in ihrem Beisein „Da ist meine Mutter Spezialistin, sie hat ihre sicheren Verstecke und vergisst sie auch nicht. Ich erinnere mich nie, wo ich etwas abgelegt habe. Mutter ist unverzichtbar."

Wie die Mutter, so die Tochter, von einem Ehemann ist keine Rede, auch nicht bei Maris Tochter. Die junge Yvon hat seit ihrer Schulzeit einen Freund, mit dem sie auch zusammen wohnte, aber der tauge nichts. Es gäbe viel Streit, der Freund spucke große Töne, brächte aber nichts zustande und sei erst einmal abgehauen, als sie schwanger wurde. Es wurde eine langwierige Geburt, bei der Nachbarinnen, Freundinnen, die künftige Oma sich mit Besuchen im Krankenhaus abwechselten. Der junge Vater tauchte erst nach der Geburt seiner kleinen Tochter wieder auf und brüstet sich nun voller Stolz seines ach-so-niedlichen Kindes. Oma Mari hat der jungen Mutter Yvon und dem Baby ihre Wohnung zur Verfügung gestellt und ist selbst in Uroma Marias Schlafzimmer ins Untergeschoss gezogen. Uroma Maria schläft in ihrem Wohnzimmer. Vier Frauen, vier Generationen – sie bewältigen den Alltag, sie leben ihr Leben, sie besprechen miteinander ihre

Probleme und halten sich vor allem von einem fern: von Abhängigkeit von Männern. Zu Oma Mari gesellt sich ab und an nachts ein Lover, der morgens verschwindet. Der junge Vater bleibt nicht über Nacht, vielleicht ist er verbannt, vielleicht möchte er lieber tagsüber seine Tochter vergnügt krähen hören statt nachts quäken. Vorzugsweise kommt er gegen Abend um die Stunde vorbei, zu der Uroma das Abendessen auf den Tisch stellt. Den Frauen ist es egal, sie haben sich seit mehreren Generationen darauf eingestellt, dass sie besser ohne Mann klarkommen.

Natürlich werde auch ich nach Mann und Kindern gefragt, aber die Reaktion ist anders als in Deutschland: Alleinerziehend und berufstätig? Na klar, selbstverständlich, wie wir in Kuba, keine Zweifel, ob das zu schaffen ist. Nicht verheiratet und Lover im Plural? Na klar, wozu sollte man sich einen Klotz ans Bein hängen?! Freundinnen? Ja, die sind wichtig, Frauen müssen zusammenhalten. In dieser casa particular werde ich wie ein Familienmitglied aufgenommen, die fünfte Frau in einer Familie, in der Männer nur Gastrollen spielen.

Vom Geiste erfüllt

"Halleluja!", seufzt die Gemeinde, schließt die Augen und lässt sich weiter von den kräftigen Wortschauern des Gastpredigers begießen. Immer wieder stehen alle auf, strecken beide Arme nach vorne, nach oben, erwarten die Durchdringung vom Heiligen Geist.

Etwa eine Stunde lang hatte sich die Gemeinde mit Musik eingestimmt. Synthesizer, Bongos, die wohlklingende laute und klare Stimme einer Sängerin animierten die etwa fünfzig Personen, vor allem Frauen, weniger Männer, mehr jüngere als ältere, eher mit kleinen Kindern als Single. Sie sangen mit kräftigen Stimmen wohl vertraute Lobpreisungen ihres Gottes, wiegten ihre Körper hin und her, schlossen immer wieder die Augen, um ihr Inneres ganz anzufüllen.

Es handelt sich nicht um eine der Santeria-Versammlungen, die als der Inbegriff von besonderer kubanischer Religiosität in vielen Reisehandbüchern angekündigt werden. Die Sklaven Kubas praktizierten einst ihre (vor allem) westafrikanischen Gepflogenheiten indirekt weiter, indem sie ihre Gottheiten mit katholischen Heiligen kaschierten. Katholische Heiligenverehrung und Vielgötterei verband sich zu einer eigenen Mischung von Glauben an Naturkräfte und Katholizismus und findet seinen Ausdruck in Alltagskultur, Musik und Lebenshaltung. Santeria kennt keine heilige Schrift als Orientierung, es ist auch nicht auf die Rettung der Seele für eine Zeit nach dem Tod ausgerichtet, sondern stellt das irdische Leben, das Hier und Jetzt in den Mittelpunkt. Menschen in Kuba waren zwar zu über 90 % katholisch, aber pflegten schon immer weniger auf das Jenseits gerichtete Kirchenfrömmigkeit als ihre lateinamerikanischen NachbarInnen.

Als der kubanische Staat sich 1959 als atheistisch erklärte, Gerechtigkeit hier auf Erden auf seine Fahne schrieb, passte das gut in die Denkart des Landes. Als sich tatsächlich in den nächsten Jahrzehnten das Leben der breiten Bevölkerung verbesserte, alle freien Zugang zu Bildung, medizinischer und sozialer Versorgung erhielten, bedurfte es keiner Bittgesuche an göttliche Mächte. Die Herzen der Kubaner füllten sich mit Stolz, es trotz Blockade durch den größten Staat der Welt, die USA, eigenständig zu schaffen, allen einen gewissen Lebensstandard zu ermöglichen und obendrein sich künstlerisch zu entfalten. Noch heute gibt es in jeder Stadt eine große Anzahl von Verbänden von

SchriftstellerInnen oder Kulturtreffpunkte. Kirchengebäude wurden in Kulturstätten umgewandelt und Auftritte von KünstlerInnen gefördert.

Matanzas, Iglesia de Monserrate: Die Kirche steht TouristInnen offen, um die Aussicht vom Glockenturm zu genießen. Es finden kostenlos Konzerte und andere künstlerische Veranstaltungen statt.

Das Verhältnis zu Kirche und die Einstellung zu Religion ändern sich, als die Wirtschaftsbeziehungen mit der Sowjetunion und den anderen kommunistischen osteuropäischen Ländern mit dem Zusammenbruch der UdSSR endeten und Kuba (bei andauerndem Handelsembargo durch die USA) in große Schwierigkeiten geriet, den Lebensstandard der Bevölkerung zu halten, überhaupt das Überleben mit den Basisgütern abzusichern.

Allmählich freundete sich die Staatsführung mit dem Gedanken an, dass auch Kirche soziale Funktion übernehmen könnte. In der Verfassung von 1992 erklärte sich der Staat nunmehr als säkular, so dass es Caritas im Notfall eines Wirbelsturms erlaubt war, Hilfe zu leisten und sich heute an der Eingangstür einer Privatunterkunft ein Plakat von Papst Pius II befinden kann, mit einem Schild „Welcome" daneben, das sowohl dem höchsten katholischen Gottesvertreter auf Erden als auch den TouristInnen aus aller Welt gilt. Als ich eingetreten bin, laufe ich direkt auf eine Terrakotta-Büste Che Guevaras zu. Daneben hängt an der Wand ein riesiges Gemälde mit der Abendmahlszene. Der heilige Johannes ist eine Frau.

Wohnzimmergestaltung in einem casa particular: Che und Abendmahl Seite an Seite

Nach Papst Johannes Paul II 1998 und Papst Benedikt XVI 2012 machte der erste Papst, der selbst in Lateinamerika / Argentinien gebürtig ist, Papst Franziskus 2015 auf den amtierenden Präsidenten Raul Castro solchen Eindruck, dass er Vatikan-Reportern gegenüber erwog, der Kirche wieder beizutreten. Als die Reporter lachten, insistierte Raul Castro darauf, dass er das ernst meine.

In der Tat ist es für Gläubige leichter geworden, ihre Religion zu praktizieren. Die Regierung lässt zu, dass Priester ausgebildet werden, erlaubt Kirchenneubauten, nur die Schultore bleiben für religiöse Lehren verschlossen. Die Lockerungen haben nicht zu einem massenhaften Ansturm auf die Kirchenpforten geführt.

Wohl aber gelingt es der protestantischen Pfingstbewegung, Fuß zu fassen und ist die einzige wachsende religiöse Gemeinschaft in Kuba.

Laut Selbstauskunft der Christian Pentecostal Church of Cuba sind aus den 42 Gemeinden vor 1990 inzwischen 191 geworden, mit 15 000 Mitgliedern, 49 ordinierten PriesterInnen und 127 weiteren PredigerInnen. Die Pfingstbewegung bekam ihren entscheidenden Anstoß Anfang des 20. Jahrhunderts in Kalifornien, als ein Prediger das Gericht Gottes ankündigte, das die Erde erschüttern würde –wenige Tage darauf zerstörte ein Erdbeben San Francisco.

Es waren weltweit eher die einfachen Leute, die dem Erweckungsruf folgten, weil der Heiligen Geist über Rassen- und Klassenschranken hinweg bei jedem einkehren kann, gesellschaftliche Barrieren überwindet und verschiedenartige Menschen verbindet. In westlicher Konsumwelt stellt die Pfingstbewegung eine Art Protest dar, von Laienpredigern gegen Institution Kirche. Sie gibt eine Orientierung mit festen Wertemaßstäben gegen die verwirrende Pluralität von „alles ist möglich".

In Afrika und Lateinamerika schließt sie die Herzen von Menschen auf. Du kannst aus emotionaler Stimmung heraus Ja sagen, deine Traditionen und irrationalen Vorstellungen als Eingebungen unterbringen und mit ihr deiner Hoffnung auf soziale Neuerung Ausdruck geben. Du darfst deinen Intellekt abschalten und musst dich auch nicht zurück in eine institutionalisierte Kirchenform pressen lassen, du darfst Gottes Kraft erfahren, dich berühren lassen und erfährst Heilung und Visionen von einer besseren Zukunft, einer materiell verbesserten Zukunft.

Selbstverständlich bedarf es dabei auch der Einhaltung moralischer Werte. Die Pfingstbewegung ist gegen Homosexualität, auch wenn oder gerade weil die Tochter von Raul Castro sich für Gleichstellung von homosexuellen Partnerschaften einsetzt. Die Pfingstbewegung verteufelt Abtreibung und ebenso die wissenschaftliche Erklärung über die

Abstammung des Menschen. Immerhin darf in Kuba keinerlei religiöse Gruppierung Einfluss auf Schulunterricht nehmen.

Über Pfingstbewegung in Kuba finden sich Berichte, dass die Regierung sie kritisch sieht, einzuschränken versucht. Es gibt einzelne Nachrichten, dass die Pentecostal Church Anzeichen von Sektierertum trägt und gefährliche Isolationsversuche von Mitgliedern unternimmt. Im Oriente, wie der östliche Teil der Insel bezeichnet wird, gewinnt sie mehr AnhängerInnen als im Westen. Dort sind die Menschen ärmer, kämpfen mehr ums Überleben, auch deswegen, weil die florierendste Wirtschaftsbranche, der Tourismus, hier noch nicht überall Fuß gefasst hat.

Fidel Castro selbst stammte aus dem Oriente und er wurde einst von der einheimischen Bevölkerung in den Bergen des Ostens geschützt, als er mit seiner Guerillatruppe gen Hauptstadt vorrückte. Die älteren Menschen können sich noch an den Bärtigen erinnern, der nachts zu ihnen kam, von einer besseren Welt, von Gerechtigkeit sprach und tags wieder aus dem Dorf loszog und kämpfte. Für sie war diese bessere Welt nach der Revolution wahr geworden, es war zu einer sicheren Grundversorgung und wesentlich größeren sozialen Gerechtigkeit gekommen. – Die jungen Menschen, in den Achtzigern und Neunziger Jahren geboren, haben weder den Kontrast von vor und nach der Revolution 1959 erlebt noch nehmen sie es als fair wahr, dass die Welt Internet hat, sie aber nicht, dass Touristen sich alles kaufen können, sie aber nicht, dass sie eine gute Bildung bekommen, aber in keinem Job ausreichend Geld verdienen können. Die Pfingstbewegung ist keine wachsende Gemeinschaft, in der alte Frauen zu ihrem alten vorrevolutionären Glauben zurückfinden. Es ist eine zunehmende Zahl von jungen KubanerInnen, die einer Heilsbotschaft Glauben schenken (wollen).

Der Gastprediger ergreift nach der musikalischen Einstimmung, als die Gemeinde schon in einem gemeinsamen Takt ist, das Mikrofon und hebt mit leiser Stimme an, die er zum Crescendo anschwellen lässt, um letztlich mit donnerndem, nicht endendem Wortschwall pathetisch zu beschwören, dass der Heilige Geist in dich fahren wird, dass er kommt und wehe dir, du öffnest dich nicht, der Zorn Gottes wird dich treffen. Die örtliche Predigerin dreht an der Mikrofoneinstellung, damit die Ohren nicht schmerzen. Doch folgst du dem Ruf, hörst du auf deine Berufung, dann wirst du geheilt. Die örtliche Predigerin dreht wieder an der Mikrofoneinstellung, denn nun ist die Stimme so sanft, so liebenswürdig, dass man sich danach sehnt, dass die Botschaft bitte wieder hörbarer wird.

Auf und ab geht die Stimme, hin und her geht der Mann, hoch und runter gehen seine Arme. Da er mit einer Hand das Mikrofon hält, geht meist nur seine Rechte hoch, eine Geste, die mir mit der Wortgewalt so schrecklich vertraut vorkommt. Ein Blick ins Publikum zeigt die Faszination, die er auslöst. Er selbst wirkt in seine freie Rede versunken, zutiefst erfüllt. Ebenso sitzen die Schweigenden mit offenem Mund und gebanntem Blick in den Reihen. Manchmal kommt ein „Amen" oder ein „Halleluja" oder ein „Ja, so ist es" über ihre Lippen, zeitgleich bei allen.

Erstaunlicherweise gelingt dem so engagierten, wie im Delirium wirkenden Prediger etwa alle fünfzehn Minuten ein verstohlener Blick auf seine Armbanduhr. Einen Bruchteil einer Sekunde lang wirkt es, als ob er den Verstand einschaltet, bevor er in gleicher Manier wie vorher fortfährt. Nach etwa einer Stunde spüre ich eine enorme Spannung, Druck im Raum, in den Gesichtern der anderen, in mir. Ich scheine schier zu platzen, suche Erlösung aus dieser Anspannung. Nach einem weiteren Blick auf die Uhr ändert sich nun der Redestil leicht. Er baut Erzählungen ein, Episoden, wie er Menschen begegnet ist, die nicht glaubten (dabei wird seine Stimme wieder streng und hart und laut). Doch dann haben diese Menschen das selbst erlebt, sie haben erfahren, wie der Heilige Geist in sie kam und sie haben ihn angenommen. An der Stelle erfolgte ein Lacher, ein sich-lustig-machender Scherz, wie dieser Ungläubige so dumm sein konnte, aber nun, ja, nun sei er ja auch erlöst.

Nach anderthalb Stunden ist der vorher aufgebaute Druck entschwunden. Am Ende wird die Gemeinde eingeladen, eigene Beiträge einzubringen. Drei Frauen berichten, wie der Heilige Geist in sie kam, wie sie bekehrt wurden. Der Prediger nickt wohlwollend, die ganze Gemeinde nickt wohlwollend „Halleluja!" Eine Frau berichtet fast zehn Minuten lang voller Inbrunst. Sie war auch bei der Predigt wie weggetreten in eine andere Welt.

Zum Abschluss werden die Schwangeren nach vorn gerufen. Der feiste kleine Prediger wischt sich den Schweiß vom Gesicht und legt dann seine Hände auf den Bauch der Frau im neunten Monat und auf den Unterleib der jungen Frau, die gerade erst ihre Schwangerschaft festgestellt hatte und ständig über Schwindel und Übelkeit klagt. Der Prediger bezieht sich auf die Bibelstelle, dass das Weib unter Schmerzen entbinden soll, betet, dass sie gesund entbinden mögen und hält sich länger bei den Gedanken darüber auf, dass diese beiden Frauen ihren Beitrag dazu leisten, die Gemeinde Gottes zu vergrößern.

Dem Mann an der Seite der Frau mit dem längsten Erleuchtungsbericht erging es etwas anders. Schon während des Gottesdienstes hatte er so manches herumlaufende Kleinkind aufgefangen, auf seinen Schoß genommen, sich still mit den Kleinen beschäftigt. Sie durften sich an ihn schmiegen, wenn die donnernde Stimme des Predigers sie erschreckte. Er stand zwischendurch auf, holte ein Glas Wasser oder ging mit einem Kind zur Toilette. Auf dem Revers seiner Jacke war eine kleine Anstecknadel, das Abzeichen des kubanischen Gewerkschaftsverbands.

Meine Ruh ist hin, mein Herz ist schwer – ich finde sie nimmer und nimmer mehr.

(Gretchen in Goethes Faust, nachdem sie sich auf Faust eingelassen hatte, schwanger ist und es keinen Weg zurück mehr gibt)

„Ich will und werde Kuba nicht verlassen, ich liebe mein Land." Er bringt alle Argumente vor, die eine Besucherin der Insel doch verstehen muss: Sonst kämen doch nicht all die Touristen. In Kuba ist immer warmes Wetter. Es wächst alles, was man zum Leben braucht und was braucht man denn schon?!

„Das Wichtigste im Leben ist erst einmal die Familie… und Freunde … überhaupt … Kontakt, Kommunikation ist wichtig. Sonst brauche ich nur ein Dach über dem Kopf und ausreichend zu essen."

Sein Vater sah das anders. Als der Junge drei Jahre alt war, entschied sein Vater, dass es sich in den USA besser leben ließe. Zum vierten Geburtstag schickte Papa seinem Sohn eine schicke Trinkflasche mit Aufkleber drauf. Als er volljährig wurde, ließ er ihm 50 US $ zukommen. Mit dreißig rief der Sohn den Vater in den USA an und bat ihn, ein einziges Mal nach Kuba zu kommen, nur zu Besuch, damit er ihn kennenlernen könne. Sein Vater weigerte sich.

Sein (wesentlich) älterer Bruder lebt ebenfalls in den USA, seine Schwester in Kuba, in seiner Nähe. Seine Mutter wohnt um die Ecke, er besucht sie oft, schaut eben mal so bei ihr vorbei, erkundigt sich nach ihrer Gesundheit. „Was bringt es mir, in den USA zu leben, wenn ich so würde wie mein Vater? Wohlstand für mich raffen und ohne Kontakt zu meinen Lieben?!"

Er lebt allein in einer Eigentumswohnung, die er von seinen Großeltern geerbt hat, zwei Schlafzimmer, dazwischen ein Bad. Ein Wohnbereich, Küche, alles in allem etwa 75 m² - das ist Luxus, viel zu viel Raum für ihn, seit seine Frau mit den Kindern ausgezogen ist, zurück auf's Land gegangen, 700 km weg. Nun spart er immer wieder dafür, dass er dorthin fahren kann und seine vierjährige Tochter und seinen zehnjährigen Sohn für kurze Zeit zu sich holen und wieder zurückbringen kann.

Seine Frau habe entschieden, zurück in die Nähe ihrer Herkunftsfamilie zu ziehen und sich erneut so wie vor ihrer Ehe zu versorgen. Ihre Mutter hatte sie im Alter von sechzehn Jahren in die Prostitution vermittelt, damit konnte sie die ganze Familie finanziell gut absichern. Jetzt lässt sie sich von einem Touristen aushalten, der mehrmals im Jahr von seinem Lohn als Transportfahrer für einige Wochen nach Kuba kommt. Wegen Sonne, Wärme und wegen all dem, was diese attraktive junge Frau ihm gibt. Ob die Kinder das mitbekommen? Er befürchtet, dass seine Kinder ahnen, was seine Frau und Mutter ihrer Kinder tut. Wenn der ausländische Gast da ist, werden sie häufig zu Oma oder zur Familie des Onkels oder einer Tante geschickt.

Auch er verdient im Tourismusgeschäft, aber er verkauft sich nicht selbst. Eine Weile hat er Gruppen auf touristischen Rundreisen begleitet, im Auftrag einer ausländischen Reiseagentur. Er war zwei Wochen lang unterwegs, hatte wenige Tage daheim und schon ging es wieder auf die nächste Tour. Damit konnte er gut verdienen, die dringend nötige Reparaturen in der geerbten Wohnung ausführen, sich moderne Medien-Geräte leisten. Aber es hat ihm nicht gefallen, dass er so wenig Zeit für seine Familie hatte. „Das war Stress, eine Nacht hier, zwei Nächte da, kaum daheim, schon wieder los." Nein, so will er nicht leben. Andererseits gefällt ihm auch der jetzige Zustand der Ungewissheit nicht, seit sich die Reiseagentur aus Kuba zurückgezogen hat. Nun weiß er nicht, wann er wieder mal eine Reisegruppe betreuen kann. Er müsste irgendwie um KundInnen werben, vielleicht eine Website einrichten. Aber wie kann man das, wenn eine Stunde Internet 2 CUC kostet? Es macht ihn schier kribbelig, im Internet zu recherchieren, die langsamen Verbindungen abzuwarten und am Ende vielleicht doch nicht das Gewünschte gefunden zu haben.

Er erinnert sich, dass es in seiner Kindheit und Jugendzeit leichter war, in Kuba zu leben, ohne Stress und ohne diese ungewisse Zukunftsaussicht. Man ging zur Schule, zur Universität und bekam Arbeit und seinen Lohn. Es wurde nicht viel verdient, aber man konnte davon alles bezahlen und es gab alles zu kaufen. Kuba lieferte Rohstoffe an die befreundeten osteuropäischen kommunistischen Länder, dafür erhielt es Lebensmittel. „Damals hab ich Äpfel von dort essen können. Wenn die heute über irgendwelche dubiosen Wege aus Südamerika auf den hiesigen Privatmarkt kommen – oder sollte ich lieber Schwarzmarkt sagen? – dann kostet ein Apfel ein CUC!"

Natürlich waren die Stellen fest, garantiert, man gab sein Bestes im Beruf, aber niemand musste befürchten, wegen zu geringer Anstrengung entlassen zu werden. Vor ein paar Jahren erlaubte ein neues Gesetz, private Geschäfte zu betreiben. Restaurants, Läden, Werkstätten schossen aus dem Boden – und fanden mit großer Leichtigkeit MitarbeiterInnen, denn parallel zum Freipass für diese sogenannten cuentapropistas (übersetzt: auf eigene Rechnung arbeitende Besitzer) erfolgte die Entlassung von 100 000 Menschen aus dem Staatsdienst. Arbeitslosigkeit hatte es vorher gar nicht gegeben und nun gleich so viele Arbeitslose auf einen Schlag.

„Tja, mit der Gemütlichkeit des alten Systems ist es vorbei.", sagt er. „Jetzt müssen wir uns abstrampeln, aber wir bekommen dennoch keine faire Bezahlung für all die Mühe." Die Grundnahrungsmittel und Verbrauchsgegenstände erhält man nur über Bezugsscheine günstig. Die Menge reicht nicht für einen Monat. „Oder wie siehst du das? Kann ein Single von einem Pfund Hähnchenfleisch im Monat leben?" Irgendwie muss jede/r für sich nun einen Weg finden, mehr Geld zu machen, um sich das Notwendige auf dem freien Markt zu leisten.

Die Ruh ist hin, das Herz ist schwer: Da bleibt keine Zeit, mit Familie und FreundInnen einfach zusammen zu sitzen, miteinander zu reden. „Ich fühle mich ständig müde, zermürbt. Ich fühle mich allein, einsam."

Mit Deutschland verbunden

„Bici gefällig?" Ich bin bei steigenden Temperaturen am späten Vormittag mit meiner großen Umhängetasche über der Schulter unterwegs und verzweifle über dem fehlenden Anschlussstück auf meinem Stadtplan, zwischen Busbahnhof und meiner Unterkunft. Bislang bin ich nur in kubanischen Städten gewesen, deren Straßen im Schachbrettmuster angelegt sind. Fragt man nach dem Weg, wird die Entfernung in Straßenblöcken angegeben. Ausgerechnet hier gibt es nur diagonal laufende Straßen, erst im Zentrum sind es wieder Parallelen. Laufe ich überhaupt in die richtige Richtung? „Wo wollen Sie denn hin", hakt der nicht mehr ganz so junge Mann auf der Fahrradrikscha nach.

Komfort-Bici vor dem Schönheitssalon „Ilusion"

Ich lese die Adresse aus meinem Reiseführer ab. „Da laufen Sie in eine ganz falsche Richtung." Auch das noch, ich gebe meine frühsportliche Übung auf. „Wie viel?", erkundige ich mich nach dem Preis, handle ihn auf ein angemessenes touristisches Maß herunter und steige auf den Sitz neben seinem Sattel, alles Marke Eigenbau, inklusive des

Sonnenschutzdaches, das gerade nicht ganz zur Geltung kommt, weil die Sonne noch nicht im Zenit steht. „Geben Sie mir noch mal die Adresse!" Mein Fahrer streckt die Hand nach dem deutschsprachigen Reisehandbuch aus. Ich zeige ihm den Passus mit der Adresse. Er starrt lange darauf. Es kann nicht sein, dass er Analphabet ist, von seinem geschätzten Alter her schließe ich, dass er zu den ersten, am besten ausgebildetsten Kindern des Landes nach der Revolution gehörte. Vielleicht grübelt er selber, wo diese Adresse liegt und hat vorschnell zugesagt. Endlich strampelt er los, ich versuche mir den Weg zu merken, um später zum Zentrum zu gehen und am Ende auch wieder zum Busbahnhof.

Doch das Einprägen gelingt mir nicht, denn er fährt scheinbar Zickzack. Nach fünf Minuten bittet er erneut um das Reisehandbuch und noch einmal blickt er (viel zu) lange darauf. Er nickt, reicht mir das Buch und fährt schweigend weiter. Ich bekomme den Eindruck, dass er selbst nicht so richtig weiß, welches der kürzeste Weg ist. Als er ein drittes Mal um das Buch mit der Adresse bittet, bin ich froh, dass ich nicht in einem Auto sitze, denn mir ist noch nie zu Ohren gekommen, dass eine Frau auf einer Fahrradriksha an einen entlegenen Ort gebracht und vergewaltigt werden konnte. Mit Leichtigkeit könnte ich auch bei Höchstgeschwindigkeit noch abspringen und mich retten. Ich erkundige mich, ob alles ok ist. „No se preocupe!", beruhigt er mich, wendet sich mir zu und spricht ganz langsam und mit deutlicher Aussprache auf Deutsch: „Sie kommen aus Deutschland? Woher kommen Sie? Wo wohnen Sie?"

Ihn hat interessiert, wie meine Unterkunft im Reiseführer beschrieben wird, hat den ganzen deutschen Text gelesen und hat sich sorgfältig überlegt, ob er sein Deutsch noch für ausreichend befindet, um es zu wagen, mich damit anzusprechen. Jetzt dauert die ganze Fahrt noch mal so lang. Er war in den 80er Jahren in der DDR, hat dort eine ausgezeichnete Ausbildung bekommen, sich eine Weile eingearbeitet im Beruf und ist danach zurückgekehrt nach Kuba. Das ist eine hervorragende Zeit für ihn gewesen, weil er die beste Qualifikation erhielt und zu seinen deutschen Arbeitskollegen einen guten Kontakt hatte. Doch sie konnten ihn auch gut verstehen, als er zurück nach Kuba wollte. In Deutschland war der Himmel immer grau, die Luft kalt, es war nicht leicht, auf der Straße Menschen kennenzulernen, weil alle schnell schnell nach Hause, nach drinnen ins Warme strebten.

Als er nach Kuba heimkehrte, heiratete er, gründete eine Familie und konnte mit seiner Arbeit sein Leben gut bestreiten. Das endete alles mit dem Zusammenbruch der Sowjetunion, mit dem Fall der Mauer, mit dem Ende des Austausches mit anderen kommunistischen Ländern. Er schweigt. Er starrt irgendwohin. Ich wage es nicht nachzufragen, was danach kam. Ich sehe ja, womit der studierte Ingenieur jetzt sein Geld verdient.

„Den Menschen in der ehemaligen DDR geht es auch nicht allen gut, nicht wahr?", setzt er unser Gespräch fort. Ich gebe ihm Recht, manche sind sofort in den Westen gegangen, andere sind geblieben und haben den Übergang in Wohlstand geschafft. Aber der größere Teil der Bevölkerung ist erst einmal arbeitslos geworden und hat Probleme bekommen, sich über Wasser zu halten. Es war ein Schock, dass Grundnahrungsmittel teuer wurden, Bildung und Gesundheitsversorgung für Menschen mit und ohne Geld unterschiedliche Qualität haben kann. Er nickt, „Ich weiß, der Betrieb, wo ich gelernt und gearbeitet habe, existiert nicht mehr. Meine Kollegen sind betroffen gewesen. Sicher sehen die Städte nun auch ganz anders aus, ich würde nichts mehr wieder erkennen." Er beschreibt die Veränderungen und ich merke, dass er ausgezeichnet informiert ist, das kubanische Fernsehen hat darüber berichtet. Sein Deutsch wird von Satz zu Satz besser, nur unsere Ankunft am Fahrtziel beendet unser Gespräch und wir verabschieden uns mit einem herzlichen Händedruck voneinander.

Einen Tag später stellt mich der Gastgeber meiner Privatunterkunft einem Nachbarn vor, einem spindeldürren, hoch gewachsenen alten Mann. Seine krausen Haare schimmern so silbergrau, dass sie sich wie künstlich gefärbt gegen sein schwarzes Gesicht ausnehmen. Mit großen klugen Augen schaut er mich direkt an und begrüßt mich galant mit einem Diener, wie vor einem halben Jahrhundert ein Herr eine Dame zum Tanz aufforderte. „Guten Tag, meine Dame!" Dabei lächelt er verschmitzt als ob er sehr wohl weiß, dass er mit dem Charme eines Prinzen vom kaiserlichen Wiener Hof flirtet, was im Kontrast zu seinem Outfit steht. Er trägt eine alte Stoffhose, die an seinen dünnen langen Beinen schlackert, die Füße stecken in ausgetretenen Slippers, auf dem T-Shirt ist eine ausländische Werbung für eine bekannte Marke gedruckt. Als er merkt, dass ich ihn betrachte und mein Blick an der zerknitterten und offensichtlich häufig gebrauchten Plastiktüte hängen bleibt, erklärt er, „Ich hab grad mein Mittagessen in der Stadt abgeholt, hier in meinem Blechtopf. Bohnensuppe." Er sagt das nicht auf Spanisch, sondern in Bröckchen-Deutsch: Mittagessen aus Stadt, mein Topf, frijoles negros, schwarze Bohnen.

„Vier Jahre in Deutschland, DDR, Dresden", erzählt er. „Sie haben dort gearbeitet?" „Ja, auch, gute Arbeit." Sein Blick verrät, dass da noch etwas war. Er hat eine Lehre als Koch gemacht und in der Küche eines Betriebs die Belegschaft bekocht. „Ich kann gut kochen. Mein Essen schmeckte allen, meine Dame!" Er schaut auf seinen Blechtopf, will anheben, etwas zu sagen, verschließt den Mund wieder. Ein Lächeln tritt auf seine Lippen, erneut hebt er an und schließt wieder den Mund. „Kanzlerin Merkel ist eine Frau aus dem Osten", bringt er schließlich heraus. Er erzählt mir – und nicht umgekehrt – dass die Kanzlerin eine für Europa einmalige Immigrationspolitik betreibe, mit der sie zunehmend anecke. Der Sozialdemokrat Schulz sei sehr beliebt, vermutlich freue sich die Kanzlerin, in dieser zunehmend schwierigen Situation eine Chance zu bekommen, nicht weiter regieren zu müssen und mit Schulz ihren Trend fortgesetzt zu sehen. In Frankreich sähe die Lage ja ganz anders aus, Deutschland mit der Merkel sei ein Lichtblick.

„Wann geht man in Deutschland in Ruhestand?", fragt er mich. „Haben die Menschen genug Geld im Alter?" Kuba hat ein mit Deutschland vergleichbares Rentensystem, nur das Eintrittsalter ist anders: Mit sechzig (Frauen), fünfundsechzig (Männer) kann in Kuba das Arbeitsleben enden. Die Höhe der Rente hängt von den geleisteten Erwerbsjahren ab und beträgt einen Prozentsatz des letzten Einkommens, unter zwanzig CUC im Monat, zusätzlich Bezugsscheine. Mein Gegenüber schmunzelt wieder. „Ich war guter Koch, gutes Essen, Frau liebte mein Essen." Nein, nicht seine Ehefrau, die kochte selbst, er hat nach seiner Rückkehr in Kuba geheiratet, Kinder bekommen, inzwischen auch Enkelkinder. Er wohnt da drüben, hinter dem Haus, in einem kleinen Zimmer bei einem seiner Kinder, in einem Zimmerchen für sich.

„Deutsche Frau mochte mein Essen, kam jeden Tag in Kantine." Er schaut versonnen in die Ferne. „Sie haben eine deutsche Frau geheiratet und mit nach Kuba genommen?" – „Nein, geheiratet habe ich eine kubanische Frau." Jetzt kommt ein ganz breites Grinsen in sein

Gesicht. „Vier Jahre deutsche Frau. War viel Liebe, gute Zeit, schön… vor vierzig Jahren." Er unterbricht ganz abrupt, wendet sich ab, ich kann seine Augen, sein Gesicht nicht mehr sehen. Er ist schon im Gehen begriffen: „Mein Essen wird kalt, ich muss jetzt essen."

Alle lieben Kuba

Francois ist Haitianer. Sein Heimatland hat seine Unabhängigkeit aus einem Sklavenaufstand entwickeln können, aber ist seitdem von über 30 Militärdiktaturen gebeutelt gewesen und von Erdbeben und anderen Naturkatastrophen heimgesucht. Es gilt als der ärmste Staat der westlichen Hemisphäre. Francois ist als junger Mann in die USA gezogen, seine Söhne sind gebürtige US-Bürger, er besitzt dort ein Eigenheim, er hat das Daueraufenthaltsrecht und bezieht seine Rente in den USA. Es lebt sich gut in den USA, im Urlaub ist er dennoch lieber auf den tropischen Antillen, am liebsten in Kuba, denn dort bekommt er für seine US-Dollar (wenn er Wege findet, sie umzutauschen) ein Optimum an Serviceleistung und Luxus.

So könnte er bequem seinen Ruhestand genießen, hätte nicht gerade in den USA einer die Präsidentschaft gewonnen, der ankündigt, alle Immigranten nach Hause zurück zu schicken. Francois beobachtet, wie Arabern oder Moslems die Einreise verweigert, wie eine Mauer nach Mexiko geplant wird. Weil er schon immer sein Leben sorgsam geplant und gestaltet hat, macht sich Francois so seine Gedanken. Wenn er auch in dieser Kette von Zurückweisungen an die Reihe käme und nach Haiti zurückkehren müsste, würde es das Ende seines guten Lebens bedeuten: Er verlöre den Zugang zu seiner Rente und geriete in das Wagnis politischer Instabilität und Gefahr von Naturkatastrophen in Haiti.

Vertraut mit Management-Arbeit konzipiert er eine Exklusiv-Rundreise für wohlhabende Haitianer und bereitet sich vor, daraus möglicherweise in Zukunft seinen Lebensunterhalt zu bestreiten, sollte der worst case mit US-Präsident Trump ins Haus stehen. Er fährt selbst nach Kuba, sucht über Kontakte nach einem kundigen Kubaner, der für fünfzig CUC am Tag die erste Rundreise begleiten wird und für die gesamte Organisation von Fortbewegungsmittel, Unterkunft und Reiseprogramm verantwortlich gemacht wird. Im Vorfeld muss ihm dieser Kubaner auch die gewünschten touristischen Ziele (wie Zigarrenherstellung), Unterkünfte (bitte nur casas particulares im kolonialen Baustil für etwa 120 CUC / Nacht) und Transport (vor Ort bitte Oldtimer) finden.

Seine Ansprüche an die Leistungen des Kubaners sind hoch, Francois' Bereitschaft, bei besonderen Schwierigkeiten auch mehr Geld zu bieten, ist niedrig. Als bei der Besichtigung zwecks Vorabsprache ein Bus ausgebucht ist und stattdessen ein Taxi genommen werden muss, wird er ungehalten. Der Bus hätte nur 12 CUC pro Person gekostet, also 24 für ihn und seinen Assistenten. Im Taxi mit einer dritten Mitreisenden überlegt er lange, bis er die Mitreisende mit einer für ihn vorteilhaften Kostenaufteilung konfrontiert: Hundert CUC geteilt durch zwei – die Mitreisende wird an den Kosten für seinen Assistenten beteiligt.

Wenn der Kubaner die erste Reise so gut für Francois plant und ausführt, wie der das erwartet, wird er dann auf einer zweiten Reise noch benötigt?

Viñales – einer der beliebtesten touristischen Ziele

Geraldine ist eine alleinstehende ältere Frau, aus Kanada. Sie hat ihr Eigenheim dort verkauft und sich ein Mobilheim angeschafft, dessen Kosten natürlich weiter anfallen, während sie in Kuba ist. Sie hat zwei Sorgen, die sie in Variationen stets aufs Neue vorträgt: Geldknappheit und Sicherheit. Seit sie 1979 zum ersten Mal auf Hawai war, weiß sie Sonne und Wärme zu schätzen. Zweiundvierzig Mal (sie hat mitgezählt) ist sie seitdem im Ausland gewesen, immer auf dem amerikanischen Kontinent, nie in Afrika, Asien oder Europa.

Ihr Blick auf Konten und Rechnungen in Kanada per Internet habe sie erschrocken; wie können denn nur so hohe Stromkosten (für Heizung und Licht) anfallen, wenn sie gar nicht zu Hause ist? Wie kann sie das nur regeln, da stimmt doch irgendwas nicht. Hier in Kuba ist das Leben auch nicht billig. Drei Monate lang hat sie in einem Vier-Sterne-Hotel gewohnt, aber dafür nur den Standard von zwei Sternen bekommen – findet sie. Nun ist sie in ein Zimmer in einer Privatunterkunft gezogen, mit eigener kleiner Küche, für weitere zwei Monate. Doch wenn der Vermieter auch die anderen Zimmer vermietet, wird es gefährlich. Die schließen nicht sorgfältig ab, dabei hat sie doch alle ihre Schätze in ihrem Zimmer, ihre Papiere, ihr Geld.

Es gäbe Jungs, die von oberhalb am Berg über die Mauer kommen und einbrechen könnten. Deshalb müsse das Tor unten zum Hof hin, die Tür zum vermieteten Teil des Hauses, die Tür zur Küche und natürlich auch jedes Zimmer einzeln mit zwei Mal umgedrehtem Schlüssel verschlossen sein. Eine Erkältung erwischt sie, sie kommt den ganzen Tag nicht raus und hat sich verbarrikadiert, zur Sicherheit.

Sie ist vor zwei Tagen im Ort gewesen und hat in der Immigrationsbehörde versucht, ihr Visum auf sechs Monate verlängern zu lassen. Da saßen so viele, dass sie nie dran gekommen wäre, also lief sie so lange zu Fuß, bis sie in der Hitze nicht mehr weiter konnte, nahm doch ein übertreuertes Gemeinschaftstaxi (für das sie als Ausländerin mehr abgeknöpft bekommen hat als die kubanischen MitfahrerInnen) und begab sich in den Nachbarort. Dort war keine Warteschlange im Immigrationsbüro, na also, wenn die wollen, dann können sie. Ganze fünfundzwanzig CUC musste sie für die fortgesetzte Aufenthaltsgenehmigung blechen, jetzt hat sie nur noch sechs übrig für den morgigen Tag. Weil sie aber wegen der Erkältung nicht raus gekommen ist, hat sie nichts mehr zu essen da. Sie geht runter zum Vermieter, klagt ihm ein bisschen ihr Leid und kann so Essen schnorren, wie am Vortag und am Tag davor auch und sowieso. Sie lobpreist das Gericht und warnt vor vielen anderen Speisen.

In Hotels isst man besser gar nichts, alles so unhygienisch. Wasser kauft man am besten immer wieder in neuen Flaschen, nicht die alte Flasche mit Filterwasser auffüllen, das führt zu Krebs. Sie selbst muss besonders aufpassen, denn sie hat eine Laktoseintoleranz und Asthma. Jedenfalls muss sie unbedingt heiß duschen, sonst wird sie krank. Ja, es sei nicht einfach, in Kuba zu leben, aber Sonne und Wärme und ein Strand, an dem man kilometerlang spazieren gehen kann, das ist woanders nicht so leicht / gemeint ist billig zu kriegen. Nur muss man ständig auf der Hut sein, dass einen die Kubaner nicht beklauen und übers Ohr hauen.

Was die Kubaner für welche seien, könne man ja daran ablesen, wie sie mit Tieren umgehen. Sie werfen kleine Hunde in den Müll oder ertränken Hunde, die sie nicht mehr wollen, im Meer.

Elke ist in den Siebziger Jahren, noch nicht volljährig, aus ihrem Elternhaus in Karlsruhe abgehauen. Es trieb sie weg von ihrer spießigen Verwandtschaft, sie hatte keine Lust auf Schule und fühlte sich angezogen vom Hippieleben mit Sonne, Strand und Meer. Indien, Thailand, Australien. Sie heiratete und folgte schließlich dem Ehemann in die USA, weil er dort Arbeit fand. Sie entschieden sich gegen Kinder, um wenigstens in der Hinsicht ihre Unabhängigkeit zu bewahren, wenn sie schon darauf angewiesen waren, von Zeit zu Zeit Geld zu verdienen, um ihr freies Leben in irgendeiner Art weiter zu betreiben.

Inzwischen ist ihr Mann verstorben, Elke lebt von ihrer Rente in den USA, die sie nur in Empfang nehmen kann, wenn sie dort ihren Wohnsitz hält. In den USA reicht die Summe aber nicht für ein wirklich gutes bequemes Leben. Eine Rückkehr nach Deutschland steht nicht zur Debatte, sie hat alle Zelte dort abgebrochen, keinen Kontakt und erst recht keine Vorstellung davon, wie sich Deutschland und Leben in Deutschland in den vergangenen vierzig Jahren verändert hat.

Sie hat ein Land gesucht, das ihr Wärme, Licht, leichte Kontaktmöglichkeiten gibt und das alles zu möglichst niedrigem Preis.

In Kuba sinken die Temperaturen selten unter zwanzig Grad, scheint bis auf einige Regenschauer immer die Sonne. Die Menschen sind aufgeschlossen und immer freundlich. Die Lebenshaltungskosten sind gering, es sei denn, es muss unbedingt ein Komforthotel sein. Ihr genügt dieses einfache Zimmer in einer Privatunterkunft, sie bleibt meist drei Monate, da kann sie einen günstigeren Preis aushandeln als zwanzig

CUC die Nacht, was die Touristen bezahlen, wenn sie nur ein oder zwei Nächte bleiben. Elke wird von der kubanischen Familie ohne Extrakosten mit bekocht, sättigende und lecker schmeckende einheimische Küche.

Sie gehört zur Familie, ist in die Nachbarschaft integriert. Sie kennt die Sorgen und Nöte und Freuden der Leute um sie herum. Sie spricht genauso schnell Spanisch wie die Einheimischen und begleitet sie manchmal auf ihren Wegen in die Ämter oder zur Einlösung ihrer Bezugsscheine. Sie hält Frauen die Hand, wenn sie beim Arzt Ergebnisse erwarten. Sie schimpft mit auf Macho-Männer, die ihren Frauen mit Trinken oder Fremdgehen das Leben schwer machen. Sie tratscht mit über die unmögliche neue Frisur einer Nachbarin.

So hat sie auch von einem alternativen Heiler erfahren, der Blätter eines hiesigen Baumes mit Erfolg gegen Krebs einsetzt. Er benutzt auch ein Mittel, das von einem blauen Skorpion gewonnen wird, ebenso mit Erfolg. Tatsächlich finden sich im Internet Heilungserfolge, die diesem Mittel und diesem Arzt in dieser kubanischen Region zugeordnet werden. Unheilbarer Krebs geheilt – das hat auch Elke hierher geführt, die ihren Körper durch mehrere Chemo-Behandlungen schon weitgehend ruiniert hatte, ohne dem Krebs Einhalt gebieten zu können. Inzwischen sind ihre Blutwerte normal und sie fühlt sich fit und gesund.

Sie hat den Eindruck, dass das Heilmittel und die wunderbare Einbindung in die Gemeinschaft der kubanischen Menschen, die keine Vorbehalte gegen Ausländer pflegen, sie echt geheilt haben. Schade, dass ihre Zeit in ein paar Tagen wieder einmal abgelaufen ist, aber sie wird wieder kommen.

Mama wieder mit DEM Rock

„Nein, nicht schon wieder dieser Rock!", seufzt Amelia am frühen Morgen. Verschlafen steht die Vierjährige mit zottigem Teddy und zerzaustem Haar in der Tür zum Badezimmer und starrt entsetzt ihre Mutter an, die sich einen schwarzen Rock über einen knappen Spitzenslip zieht und zurechtzupft, bis sich der elastische Stoff auf ihren wohl geformten Pobacken anschmiegt, der Saum sich nicht mehr weiter nach unten ziehen lässt und genau unterm Po sein Ende findet. Sie greift zu einem ebenso engen T-Shirt mit großem runden Ausschnitt, Spaghetti-Trägern und einem schwarz-weißen Muster, das so über ihren Oberkörper mäandert, dass ihr Busen beim Gehen wie wogende Wellen auf und ab und hin und her schwappt. Sie dreht sich kurz zu ihrer Tochter um. „Los, los, ich hab einen Anruf gekriegt, Freddy hat sich schon früher losreißen können und ist heute früh gelandet. Mach dich fertig!" Amelia verzieht ihr Gesicht und knurrt mürrisch. „Amelia, du kennst doch Freddy. Der hat dir doch ... Amelia!" Amelia ist hinausgerannt auf die Veranda vor dem Haus und hat sich auf der malanza, dem Schaukelstuhl zusammengerollt, den Daumen der einen Hand in den Mund genommen. Sie hält sich mit der anderen Hand das Ohr zu, das nach oben frei liegt.

Ihre Mutter ist fertig angezogen, hat ihr krauses schwarzes Haar zu Wellen gebändigt, die ihr über die Schulter fallen, trägt überall Gold, an den Ohren, um den Hals, um Armgelenk und Fußgelenk. Ihre Lippen schimmern in einem matten Silberrosa, die Augenwimpern sind künstlich verlängert. Über der Schulter hängt ihre kleine Handtasche, in den Händen hält sie die rosafarbene Lieblingslegging von Amelia, ihr Mickey-Mouse-T-Shirt und die Marken-Turnschuhe, ebenfalls in Rosa. Mama weiß genau, dass das Amelias Lieblingssachen sind und sie nicht widerstehen kann, wenn sie sie anziehen darf. Das darf sie nicht jeden Tag, aber an solchen wie heute, wenn alles schnell gehen und Amelia folgen soll, Mama nicht im Wege sein soll, aber mit muss.

Dabei wäre es Amelia viel lieber, wenn der Tag so verliefe wie die meisten. Mama würde an einem solchen Tag erst einmal gar nicht aufstehen wollen. Amelia würde zu ihr ins Bett krabbeln und sich an Mamas Bauch und Brust kuscheln, spüren, wie ihr Herz pocht, wie ihr Atem geht. Sie würde Mamas Parfüm riechen, das sie sich am Vortag, als sie wegging, aufgesprüht hatte. Es riecht einen Tag später nicht mehr nach fremdem, exotischem Duft, sondern nach einer Mischung von Mama und Blumen. Wenn sie beide dann aufstehen, Mama für sich einen Kaffee aufbrüht und für Amelia einen Kakao macht, wickelt sie sich nur ein buntes Tuch um die Hüften und steckt die Enden an der Taille fest. Das T-Shirt ist ausgebeult und hat ein paar bunte Farbkleckser vom letzten Anstreichen des Wohnzimmers abbekommen.

Sie füttern zusammen ihre drei Hühner und freuen sich, wenn eines ein Ei gelegt hat. Die Nachbarkatze schaut herein, streicht miauend um ihre Beine und erbettelt sich etwas Milch. Die Nachbarin hat keine kleinen Kinder, daher bekommt sie keine tägliche Ration Milch, während Mama es sich sogar leisten kann, in dem Laden Milch zu kaufen, wo man mit den dollares bezahlt. An solchen Tagen wäscht Mama ihre Kleidung, macht die Wohnung sauber, gehen sie zusammen einkaufen. Mama kocht Reis mit Bohnen. Manchmal kommt Oma vorbei, manchmal gehen sie zu Besuch bei Tanten und Kusinen. Zum Abschluss des schönen Tages sehen sie sich abends einen Film im Fernsehen an, eine Familiengeschichte, die immer ganz rührend und dramatisch verläuft.

„Träum nicht! Zieh dich an!", Mama greift derweil nach ein paar Spielsachen, stopft sie in Amalias kleinen himmelblauen Rucksack und los geht's. Als sie fertig sind, nehmen sie eine Pferdedroschke zum Stadtzentrum und betreten die Cafeteria am zentralen Platz. Dort sitzen an vielen Tischen Touristen bei Kaffee und einem Gebäckstück zum Frühstück. Freddy, der eigentlich ganz anders heißt, aber dessen Namen keiner aussprechen kann und deshalb von allen Freddy genannt wird, ist schon da. Ja, Amalia kennt ihn.

„Hola, linda", sagt er, selbst bei nur zwei Worten mit starkem englischen Akzent im Spanischen. Wenn er redet, klingt das wie Maschinengewehr-Knattern, hart, nicht so weich und melodisch wie in Kuba gesprochen wird, wo die Endungen von Worten nur dahin gehaucht werden. Er gibt Mama das übliche Küsschen rechts und links und fasst dabei mit beiden Händen voll in ihre Pobacken. Amalia begrüßt er mit einem Knie-Schubser an den Po: „Cholla, pekkenna!" Freddy ist ein Riese, der sich in alle Richtungen ausgedehnt hat, er ist zwei Köpfe höher als Mama, seine Arme sind lang, seine Hände sind groß wie Gorilla-Pranken und der größere Teil von seinem Bauch hängt über der Hose. So wie sein

Bauch über die Hose quillt, schwabbelt auch Speichel über seine Lippen, wenn er spricht.

„Komm, setz dich auf meinen Schoß", lädt Mama sie ein. „M-m", Amelia dreht sich unwirsch ab, guckt mit dem Gesicht weg vom Tisch, stellt sich an die Freddy gegenüber liegende Tischseite. So bekommt sie nichts von Freddys Spucke ab, wenn er in sein schallendes Gelächter ausbricht, die dicke Zigarre ihm fast aus dem Mund fällt und er dabei auch noch zu reden versucht. „Ach, lass dir durch die nicht den Tag verderben", rät er Mama, „komm, ich bestell uns erst mal ein Bier und dann muss ich dir noch Charles vorstellen, ein alter Geschäftsfreund von mir. Der ist jetzt auch in den Ruhestand getreten. Charles, das ist Maria." Freddy winkt mit weit ausholenden Armbewegungen die Bedienung herbei und bestellt etwas. Amalia hat sich in ihren Rucksack vertieft, guckt nach, was Mama heute Morgen auf die Schnelle für sie aufgelesen hat.

Ach, die Barbiepuppe ist dabei. Die ist von Tomás. Das war ein jüngerer Mann aus Frankreich. Der sprach Spanisch durch die Nase, das klang lustig, ein bisschen wie Schweinegrunzen. Irgendwie verstand sie, dass er selbst daheim in Frankreich auch so ein kleines Mädchen hat wie Amalia und einen Sohn, der aber noch ein Baby ist. Wenn er mit Amalia sprach, hockte er sich vor sie hin und fragte sie nach dem Namen von ihrem Teddy. Als er zum zweiten Mal nach Kuba kam, brachte er die Barbiepuppe mit. Amalia nahm sie nur zögernd entgegen. Hatte er die seiner Tochter weggenommen? Womit spielte die jetzt? Andererseits schien der Mann genug Geld zu haben, denn er lud Mama und sie zum Eis ein, nachdem sie „ES" erledigt hatten.

Amalia mochte die Barbiepuppe und mochte sie auch wieder nicht. Die Barbiepuppe hatte einen ebensolchen Rock wie Mama und ihre Haare konnte man auch so kämmen, wie Mama sie jetzt trug. War diese Puppe vielleicht für erwachsene Frauen gedacht? Es kam Amalia immer sehr komisch vor, wenn sie die Barbiepuppe zusammen mit der selbst genähten schwarzen Stoffpuppe von Oma reden ließ. Die Barbie gehörte nicht richtig zu der Familie, wenn sie Vater-Mutter-Kind spielte. Barbie war wie Mama heute und die schwarze Stoffpuppe war wie Mama an den anderen Tagen.

„Amalia", erklang eine freundliche Stimme in ihrer Nähe. Es war der Kellner, den sie schon lange kannte. „Guck mal, der Mann hat dir ein Eis gespendet." Amalia guckte auf die Eistüte. Es war das aus der blau-weißen Gefriertruhe, auf der in Rot ein Name geschrieben war. Es schmeckte anders als das Eis in der Heladeria, wo immer Familien und Gruppen von Teenagern oder verliebte Pärchen lange anstanden, um einen Eisbecher zu essen. Dorthin war Tomás mit ihnen gegangen und hatte auch geduldig mit ihnen gewartet, bis sie an der Reihe gewesen waren. Amalia fiel auf, dass sie noch gar nicht gefrühstückt hatte. So sehr sie Eis mochte, jetzt nicht, von DEM Mann nicht.

Sie riss der Bedienung das Eis aus den Händen und rannte vor die Tür. Sie hatte eine Idee. Dort war manchmal der Junge von der Frau, die den Boden der Fußgängerzone putzte. Tatsächlich hatte er sich heute vor der Schule gedrückt, das gab Ärger! Aber heute waren wirklich besonders viele Touristen in der Stadt und sie alle tranken flaschenweise Wasser und manche auch schon am frühen Morgen Bier. Fernando war aufmerksam und beobachtete genau, wann der Flascheninhalt zur Neige ging und fragte freundlich, ob die Leute ihm die Flasche überließen. Fernandos Mama hatte an einigen Tagen schon in der Frühe einen anderen Putzjob, dann blieb ihr keine Zeit, im Milchladen Schlange zu stehen, um die Milch zu kaufen, die ihr für Fernando zustand. Fernando bekam für die eingesammelten Flaschen Geld und konnte so zum Familienunterhalt beitragen. Vielleicht könnte Amalia das auch irgendwann machen, dann könnte Mama ihre Arbeit aufgeben.

Fernandos Mama trug bei ihrer Arbeit immer das Gleiche, aber etwas ganz anderes als Mama, nämlich eine alte Legging und ein großes kariertes Männerhemd, an dem sie die Ärmel aufgekrempelt hatte. Mit Riesenschwüngen klatschte sie den Feudel auf den Boden und wischte und schrubbte. Wenn ihr dann ein Mann mitten ins gerade Geputzte hinein lief, bevor es in der Sonne getrocknet war, dann schwang sie den Feudel drohend und fluchend hinter ihm her. Oder, wenn sie ihn noch erwischte, weil er nicht schnell genug ging, schubste sie ihn mit dem Ende des Schrubbers am Po, er solle sich vom Acker machen. Das Putzfeld war ihr Reich und das ließ sie sich auch nicht von einem Mann streitig machen. Wenn Fernando sich beim Spielen das Knie aufgestoßen hatte, dann nahm sie ihn an ihren breiten Busen und tröstete ihn. Er war ihr Ein und Alles. Ihn beschützte sie noch mehr als ihr Putzrevier.

Fernando schaute ganz entgeistert und strahlte dann freudig, als sie ihm das Eis entgegenstreckte. So etwas hatte er noch nie gegessen. Er hielt die Tüte mit dem durchsichtigen Plastikhut in der Hand, sah darin die Schokolade auf den Streifen von weißem und rosafarbenem Eis. Vorsichtig fasste er die Kappe an, aber sie löste sich nicht. Er drehte die Tüte um und um, aber da schien sich ihm nichts zu eröffnen, wie er das kostbare, kühle Süße seinem Mund zuführen könnte. Amalia begriff, dass er wirklich noch nie so eine Tüte von dem ausländischen Eis gegessen hatte. Sie nahm ihm das Eis wieder aus den Händen und zeigte es ihm: „Zuerst ziehst du hier oben die Kappe weg, guck mal, da haftet innen ein bisschen Eis, das kannst du erst mal lecken." „Huch, da hat man ja einen richtigen Trinkbecher drauf gesetzt, nur kann der nicht stehen", bemerkte Fernando. „Ja und dann ist an der Seite so eine überstehende Lasche, daran kannst du die Hülle einreißen und abziehen, so ... siehst du." Fernando staunte: „Aber unten ist noch Papier dran geblieben." „Das kannst du jetzt nach unten abziehen, so. Aber lass es lieber erst mal dran, dann tropft dir kein Eis raus." „Danke, Amalia, das ist so lieb von dir. Wenn ich groß bin, dann lade ich dich mal in die Heladeria ein, naja, also ... wenn ich so richtig viel Geld verdiene."

„Amalia", Mama sprach sie an, stand schon neben ihr, nahm sie an der Hand und zog sie von Fernando fort. „Wir fahren jetzt zu Freddys und Charles Hotel." Dieses Mal stiegen sie in einen der großen breiten alten Autos, ein Buick. Die Sorte Auto passte irgendwie auch zu Freddy; er ließ es sich nicht nehmen, nur in einem solchen Taxi zu fahren, wenn er in Kuba war.

„Mama muss jetzt arbeiten", sagte sie. Für Amalia war das langweilig, weil sie nicht wie Fernando dabei sein konnte, wenn seine Mama die Straßen fegte. Sie saß in der Lobby und je nachdem wer dort gerade Dienst am Empfang hatte, bekam sie manchmal einen Saft und ein Sandwich von dem alten Portier oder ein Zimmermädchen rauchte eine Zigarette draußen im Hinterhof, nahm sie mit dorthin, spielte auf dem Handy einen schicken Song ab und tanzte dazu, zeigte Amalia, wie die Schritte gingen. Manchmal musste sie sich aber auch in einem

Nebenzimmer verstecken, wenn irgendwelche Leute erschienen, die sie nicht sehen sollten.

Als sie einmal im Nebenzimmer verschwinden sollte – das war schon lange her, da war sie noch nicht so groß wie jetzt - schlich sie die Treppe hoch und erschrak, weil sie Mama schreien hörte. Tat ihr der Mann etwa weh? Was machte der da mit ihr? Amalia bekam Angst und ging den Geräuschen nach, Stöhnen, Schreien, der Mann lachte. Vorsichtig öffnete sie die Tür und lugte hinein. Mamas schwarzer Rock lag auf dem Fußboden, das T-Shirt hing an der Bettkante. Auf dem Bett lag ein rosafarbenes riesiges Bettlaken, nein, es lag nicht, es wallte und wehte wie ein weites Zelt im Sturm auf und ab und hin und her. Mama und der Mann waren wohl in dem Zelt und arbeiteten da, so dachte sie damals. Mama ging es anscheinend doch nicht schlecht. Unbemerkt zog sie die Tür wieder zu und ging zurück nach unten.

„Ohne meine Arbeit könnten wir uns keine Mickey-Mouse-T-Shirts leisten, kämen wir nicht an den Strand und wäre ich den ganzen Tag weg für nur ganz wenig Geld, was hinten und vorn nicht reicht. Amalia, uns geht es gut", sagte Mama. „Ja", antwortete Amalia und dachte, „an den Tagen, an denen du ganz meine Mama bist."

Junges Glück

Auf dieses Lokal an der Fußgängerzone haben sich die Ausländer eingespielt. Es ist an der Ecke zu einem der zentralen Plätze, es gibt viele Passanten und das Beste zu trinken, was der Ort zu bieten hat, verschiedene Sorten Bier, die einheimische Cola, so manche Flasche Rum, Wasser, manchmal sogar mit Kohlensäure – jedenfalls gibt es das alles meistens, manchmal heißt es auch „no hay", gibt es nicht. Als Espresso ist der Kaffee gut, weil er nicht aus Nescafé gemacht wird. Als Cappuccino ist er mal so, mal so, je nachdem wie es gelungen ist, das Milchpulver aufzulösen. Manchmal schwimmen Klümpchen darin, manchmal nicht. Manchmal gibt es auch echte Milch, die zieht Haut, wenn das Getränk abkühlt. Immer wird das bisschen Schaum, das durch Eingießen aus größerer Höhe erzielt wird, von einem Stäuber Zimt gekrönt, die feine Note der kubanisch möglichen Varianten eines original italienischen Cappuccinos.

Für die große Gefriertruhe neuesten Typs sorgt die Firma, die mit Markenzeichen und Namen wirbt, Nestlé. Sie darf in Kuba mit sechzig Prozent Anteil (der Staat hält lediglich vierzig Prozent dem Staat und seinen Eis produzierenden Fabriken Konkurrenz machen und tut das mit Erfolg. Nestlé importiert alles an Zutaten, außer Zucker, selbst die Milch kommt aus solchen Staaten, die Niedrigstpreise und die gewünschte Qualität bieten. In den größeren Orten befinden sich staatliche Cremerias, Eiscafés, vor denen immer Warteschlangen stehen. Dort gibt es leckere Eisbecher oder Eis in Waffeltüten. Lässt man sich auf einen Besuch ein, weiß man, dass draußen die Nächsten warten. Die Kellner-Innen stehen schon wie Wachposten und observieren, wann der Becher leer ist. Verweilen ist kaum angesagt.

Nestlé-Eis kann man leichter bekommen. Man findet es in den Supermärkten, wo mit einheimischem Geld oder CUC bezahlt werden und alles erworben werden kann, egal ob es sonst rationiert ist oder nicht, soweit man das Geld dafür hat. Das haben die wenigsten. Nestlé-Eis gibt es auch an Verkaufsständen und in den Truhen mancher Cafeteria oder Lokalen wie diesem. Hier stehen keine Einheimischen Schlange für ein Eis, hier sind sowieso nur wenige Kubaner, es handelt sich eher um junge, gut aussehende Kubanerinnen. Die Mehrzahl der Gäste ist männlich, älter, kaum gut aussehend und ausländisch.

Manchmal verirrt sich ein Touristenpärchen hierher, trinkt etwas, studiert den Reiseführer und diskutiert miteinander das nächste Besichtigungsvorhaben. Noch seltener verirrt sich hierher eine allein oder auch zu zweit reisende ausländische Frau, egal ob gut oder nicht gut aussehend. So hat es sich eingespielt.

Nestlé – eine der ausländischen Firmen, die im sozialistischen Kuba Profit machen dürfen

„Darf ich mich dazu setzen?", werde ich – gleich auf Englisch – gefragt. Ich schaue auf: kein Kubaner. TouristInnen haben einen Blick für Ihresgleichen.

Einheimische haben ebenso einen Blick dafür, wer in diesem Land zu Hause ist und wer nicht.

Kubaner differenzieren unbefangen alle Schattierungen der Farben Schwarz und Braun. „Heute bekomme ich Gäste aus Sri Lanka", sagt der Besitzer einer Privatunterkunft, „die sehen ganz anders aus als Kubaner, die Haare sind glatt-glänzend-schwarz, die Haut ist blau-schimmernd-schwarz. Das gibt es nicht in Kuba. Wir hier sind schwarz oder Milchkaffee-farben, haben ein weiches cremiges Braun, nicht so schillernd wie die." Die Unterscheidungen sind keine Vorlage für Diskriminierung, die Unterschiede werden lediglich konstatiert. Vorurteile bestehen von Hauptstädtern gegenüber den „dummen Bauern vom Lande". Eine Zehnjährige, recht hellhäutige Habaiana beklagt sich, dass sie in ihrer Klasse gemobbt wird. Sie bezeichnen sie abfällig als eine vom Lande, dabei ist sie in der Hauptstadt geboren und aufgewachsen. Rivalitäten bestehen auch zwischen Westen und Osten, Cuba Occidental und Cuba Oriental. Havanna liegt im Westen. Je weiter östlich die Herkunft, desto schlechter das Image.

Ausländer, die in dieses Lokal kommen, machen einen anderen Unterschied zwischen den Menschen in Kuba: Sie suchen weibliche und vorzugsweise dunkelhäutigere.

An meinen Tisch setzt sich ein solcher Ausländer, der gewöhnlich keine weißhäutige ältere Ausländerin sucht. Er hat nur an dem überquellenden Nachbartisch keinen Platz mehr gefunden. Dort sitzt eine illustre Schar von hauptsächlich Englisch, gelegentlich Französisch sprechenden Männern, alle mindestens sechzig Jahre alt, Tendenz siebzig plus, kanadische Rentner. Der Flug bringt sie auf direktem Wege von Kanada zum lokalen Flughafen, vier Stunden, näher kann es nicht vom kalten Winterinferno zum coolen Paradies sein. Alle tragen beige-farbene, weit sitzende Bermudashorts, mit Taschen ausgestattet, die manchmal einen Flachmann Rum und immer den Türöffner für alles enthalten: ihr Portemonnaie mit CUC, dollares, der kubanischen Zweitwährung, die mehr und mehr zur Erstwährung mutiert, Devisen, für die alles, alles käuflich ist. Viele dieser Männer kommen schon seit Jahren regelmäßig sechs bis neun Monate des Jahres hierher, sprechen ein gewisses Maß an Alltags-Spanisch und suhlen sich in den Vorteilen, die ihnen ihr

Hosentascheninhalt bringt, genießen die Freuden, die ihrem übrigen Hoseninhalt hier locker dafür zufließen.

Ihre Gesichter offenbaren verschiedene Typen, vom lieben netten Opi bis zum Altsiebziger Rockertyp, der seinen grauen Vollbart unter dem Kinn zu einem Zöpfchen geflochten und ebenso das hinten nicht so schüttere graue Haupthaar zum Pferdeschwanz zusammengefasst hat. Ihre Stimmen haben sie der hiesigen Umgebung angepasst, sie dröhnen wie die Lautsprecher, die nonstop gefällige Rhythmen herausplärren, die allgemein (unter den Ausländern) als typisch kubanisch gelten.

Mir gegenüber sitzt der liebe-nette-Opi-Typ, besagte Bermudashorts, nichtssagendes T-Shirt in dezenter blasser Farbe mit kurzen Ärmeln, das den kugelig gewordenen Bauch trotz weiten Schnittes nicht verhehlen kann. Glatt rasiertes Gesicht, fast kein Härchen mehr auf dem Kopf, ein freundliches Lächeln auf den Lippen. Sichtlich heute nicht interessiert an der täglich gleichen Meute seiner Landsleute freut er sich über mein Ausnahmegesicht an diesem Ort und erkundigt sich nach dem Woher, Wohin, Warum und Dauer meines Ferienaufenthaltes. Ebenso bereitwillig wie ich ihm Auskunft gebe und zur Besonderheit in seinem kubanischen Alltag werde als allein reisende ältere Frau, erzählt er mir gern von sich, nachdem wir uns mit Vornamen bekannt gemacht haben.

„Schau mal hier, ich hab ein Video, " Er öffnet sein Smartphone und spielt eine Aufnahme von einem kleinen, dünnen, farbigen Mädchen ab, das auf einer Terrasse vor einem Hocker steht, Plastiklöffel in der Hand. Sie isst eine Reis-Bohnen-Mahlzeit mit kleinen Fleischstückchen von einem Plastikteller. Enkeltochter? Ich wage es nicht auszusprechen, schaue ihn fragend an. „Meine kleine Tochter", klärt mich mein Gegenüber auf.

Ich schaue mir den fünf Minuten währenden Film an, auf dem die Kleine brav ihr Essen einnimmt, den Löffel eintaucht in den lockeren Reis, zu ihrem Mund balanciert, dabei ihren Kopf sicherheitshalber über den Teller hält, mit Erfolg den Löffel mit der Speise zwischen die Lippen schiebt, den Mund schließt und kaut. Das wiederholt sich und kein Körnchen Reis fällt daneben. „Kann sie nicht schon wunderbar alleine essen? Sie ist erst zwei!", strahlt mich der Papa an. Ich nicke und frage mich, ob er in jüngeren Jahren auch schon Kinder in die Welt gesetzt hat und ob er damals vor vielleicht einem halben Jahrhundert deren

Essfortschritte ebenso beobachtet und registriert hat. „Ja, ich habe noch drei weitere Töchter, aber die sind alle erwachsen, ich habe vier Enkelkinder, aber ich versuche, die meiste Zeit des Jahres in Kuba zu verbringen, meiner Frau hier zur Seite zu stehen." „Sie sind mit der Mutter der Kleinen verheiratet?" „Oh ja! Wir kennen uns schon seit sieben Jahren."

Ich habe wohl das schönste Erlebnis des letzten Jahrzehntes in seine Erinnerung gerufen. Er ist mit 58 Jahren in Rente gegangen, mit 63 kam er zum ersten Mal nach Kuba, hier an diesen Ort, denn es gibt ja die billige Direkt-Flugroute. Hier an dieser Ecke vom zentralen Platz unter den Kolonaden ging SIE vorbei. Er hat sich ein Herz genommen, all seinen Mut aufgebracht und sie angesprochen, die junge Schöne. Doch sie hat ihn zurückgewiesen, immer wieder. Sie war ja damals auch erst fünfundzwanzig. Ach, das hat ihn viel Mut gekostet, nicht von ihr abzulassen und schließlich hat er sie überredet, hier in diesem Lokal etwas mit ihm zusammen zu trinken. Am Abend ist sie mit ihm in die Musikbar im Stockwerk über diesem Lokal gegangen. Ja, so hat das angefangen. Sein Blick schweift in die Ferne, in die Vergangenheit. Ganz offensichtlich ist er stolz darauf, junge kubanische Machos ausgestochen zu haben und in seinem Alter noch einmal einen Frühling zu erleben.

In den Kolonaden sehe ich nur Frauen, die gezielt ihre Wege gehen. Es wirkt schwierig, sie davon abzubringen, nicht zum Supermarkt zu gehen, um dort vielleicht die Seife zu kaufen, die vorher beim staatlichen Vertrieb gerade nicht erhältlich war. In diesem Lokal hingegen sitzen an einigen Tischen junge kubanische Frauen, zwischen zwanzig und dreißig Jahren alt. Ausnahmslos sind sie auf eine Weise zurechtgemacht, die sie von Hausfrauen bei ihren Einkäufen oder Studentinnen zwischen zwei Vorlesungen unterscheiden. Sie tragen Röcke oder Kleider, die direkt unter dem Po enden und so eng anliegen, dass alle femininen Rundungen eindeutig abgemalt sind. Ebenso eng liegt das T-Shirt an, bietet Einblick in den Ausschnitt und eine Vorahnung vom weiblichen Inhalt darunter. Maniküre (und Pediküre) ebenso wie Frisur deuten stundenlange Bemühungen an, jeder einzelne Fingernagel ist oft in zwei Farben gemustert und mit etwas Glitzer bestreut. Diese Pflege verträgt keinen Abwasch, kein Schrubben von Böden oder den Dampf vom Bohnen-Kochen. Sie führen Handtäschchen mit sich, aus denen einige Frauen Zigaretten ziehen, aber kein Feuerzeug, kein Streichholz. Darum müssen sie die Herren am Nebentisch bitten. Apart strecken sie ihre zarten gepflegten Finger aus, lassen dabei den Goldschmuck am Arm (gleich mehrere Reifen und Kettchen) etwas baumeln und klimpern, gönnen dem edlen Feuerspender einen Augenaufschlag zwischen geschminktem Vorhang langer Augenwimpern hindurch und bedanken sich mit einem Lächeln.

Gelegentlich sind die jungen Damen in Begleitung eines kubanischen Mannes oder der Türsteher der Bar gegenüber spricht einen der Ausländer an, nicht die, die schon seit Jahren hier sind, sondern die Neulinge, die allein oder zu zweit etwas unsicher an ihrem Bier nippen. Bei männlicher Vermittlung laufen die Verhandlungen direkter, eindeutiger und schneller.

Vielleicht schweift der Blick meines Gegenübers gar nicht in die Vergangenheit, wie sie wirklich ablief, sondern in seine Phantasie, wie er sie sich zurecht gelegt hat, mit den Jahren, denn er möchte eigentlich nicht zu DER Sorte Männer gehören. Er hat die Frau geheiratet. Seine Tochter hat schon mit ihrer Geburt die kanadische Staatsangehörigkeit erworben. Um die seiner Frau bemüht er sich. „Das ist doch keine Scheinehe! Ich will wirklich, dass sie es einmal besser haben wird, in Kanada leben kann." „Spricht sie denn Englisch?" Er wird verlegen, rutscht etwas auf dem Stuhl herum. „Ich hab ihr schon ein paar Sprachkurse finanziert, aber sie hat fast nichts gelernt. Sie sieht das nicht so." „Will sie denn nach Kanada?" Wieder druckst er etwas um die Antwort herum. „Nun, ich kann sie ja verstehen, in Kuba ist es halt immer schön warm, deswegen bin ich ja auch hier, vor dem kalten Winter geflohen."

Tausende und Abertausende von KubanerInnen haben das Land verlassen, weil sie entweder mit Beginn des Sozialismus ihre Geschäfte nicht mehr profitabel betreiben konnten oder weil das garantierte Lebensminimum, das alle etwa gleich arm macht, eben nur ein Minimum ist und ihnen nicht reicht. Sie wollen materiell mehr, senden aus Florida (wo die meisten ExilkubanerInnen leben) oder wo auch immer sie sich eingerichtet haben, Stütze an die Zuhause gebliebenen Verwandten, verzehren sich nach der Heimat und ihrer endgültigen Rückkehr.

Die junge Frau hat alles, was sie braucht, bei ihrem kanadischen Ehemann gefunden. „Arbeitet deine Frau?" „Nein, warum sollte sie?"

„Acht Stunden am Tag würde sie für nur zehn CUC im Monat schuften. Das Geld kann ich ihr doch locker geben und noch mehr dazu. Dafür ist sie den ganzen Tag zu Hause. Für mich da." Sie hat im Alter von fünfundzwanzig Jahren einen guten Griff getan. Jetzt mit zweiunddreißig hat sie für sich und ihr Kind ausgesorgt, denn dieser nette Herr schämt sich, dass es so aussieht, als ob er nur ein sexuelles Interesse an dieser Liaison hätte. Er steht zu seiner Verantwortung für die Konsequenzen der anfänglichen Affäre.

„Fehlt dir nicht deine Familie in Kanada?" Da ist der wunde Punkt getroffen. „Zwei meiner Töchter reden nicht mehr mit mir. Ich sehe nur die dritte und ihre beiden Kinder, wenn ich in Kanada bin. Die anderen wollen nichts mehr mit mir zu tun haben."

Das weiß seine kubanische Frau. Ob sie sich das als ihre zukünftige Großfamilie beim Umzug nach Kanada vorstellen kann? Sie, die hier den Zusammenhalt von Familie mit der Muttermilch aufgesogen hat und ohne den hier kaum jemand wirklich überleben kann. Könnte sie sich an etwas anderes gewöhnen, als dass eine Kleinfamilie einen Raum eines Hauses bewohnt, das Haus mit den eigenen Eltern oder Schwiegereltern und eventuell der Familie von Bruder oder Schwester teilt? Sie kennt es nicht, dass wegen Kälte die Türen zur Wohnung oder des Häuschens geschlossen gehalten werden. Ahnt sie, dass in einem Land wie Kanada die Privatsphäre der Mutter-Vater-Kind-Kombination geschützt wird, dass Menschen isoliert voneinander leben?

Solange sie die kanadische Staatsbürgerschaft noch nicht hat, braucht sie sich sowieso noch keine Gedanken zu machen und kann weiter leben wie bisher, nur in einer Hinsicht anders als viele andere in Kuba, nämlich ohne Sorgen um das tägliche Überleben.

„Morgen gönne ich ihr mal einen Tag raus", unterbricht mein Gegenüber meine Gedankengänge. „Was meinst du mit „gönnen" und „raus"?", inzwischen hat sich ein weiterer Kanadier zu uns beiden gesetzt. Er genießt das gleiche Leben, nur ohne Ehering. „Willst du wieder an den Strand?", fragt er. „Ja, dachte ich mir so, sie kann uns ein Taxi organisieren, wir nehmen alles für ein Picknick mit. Immer nur daheim herumhängen, das kann es doch nicht sein." „Naja, die mögen das schon, sind halt Familienmenschen. Aber ich hab da einen Tipp für dich. Ich war kürzlich bei Wasserfällen. Da kann man auch baden und es gibt ein billiges kleines Lokal in der Nähe. Ich hatte da auch eine Übernachtungsmöglichkeit in einer kleinen Unterkunft gefunden…"

Kubanische Familie – Sonnenschutz ohne Sonnencreme mit Lichtschutzfaktor

Der Grün-Gelbe

Ein neongrüner Punkt, von einem Sonnengelb getoppt, wankt an der Hand eines anderen am Sandstrand entlang auf mich zu. Je näher die beiden kommen, klarer mehr ist erkennbar, dass der so grell bekleidete Mann keine zwei Schritte gerade voreinander bekommt. Schon am Nachmittag betrunken?

Am Strand von Varadero, einer Touristen-Enklave auf einer schmalen langen Halbinsel, nur siebzig Kilometer von der Hauptstadt entfernt. Noch vor einem Vierteljahrhundert war es ein Ausflugsziel für KubanerInnen, die hier picknickten, badeten, angelten, sich sonnten, Musik machten, tanzten, miteinander fünfundzwanzig Kilometer Sandstrand, azur-blaues Wasser und Korallen genossen. Heute gibt es eine Hotelzone an dem einen Ende; ein Zentrum mit Restaurants, Bars, Touristenständen, Shoppingcenter; weitere Privatunterkünfte am anderen Ende. KubanerInnen sind – außer als Personal - nur bedingt erwünscht, die Hotels sind ausschließlich für TouristInnen, ansonsten ist die Bedingung, konsumieren und bezahlen (zu können). Die Strände sind jedoch (noch immer) für jeden offen zugänglich, keine Privatisierung wie an vielen anderen Stränden der Welt.

In der Straße, wo ich eine Woche lang bei einer kubanischen Familie wohne, kommen bei Anbruch der Dunkelheit ein paar Männer zum Büdchen, wie man den Kiosk im Ruhrgebiet nennen würde.

Früh morgens um sieben wird dort Kaffee ausgeschenkt, dazu ein Sandwich oder ein süßes Teilchen gereicht. Die Menschen kommen, essen oder trinken und gehen zur Arbeit, wo sie den Fortschritt des Landes fördern, dem Namen des Kiosks gerecht werden „El Progreso". Abends kommen sie und bleiben, bis mit der vollkommenen Dunkelheit um 19 Uhr geschlossen wird. Wenn sie von dannen gehen, wanken sie, ihre Schritte nehmen die ganze Breite des Bürgersteigs ein und manchmal stolpert einer über die hohe Bordsteinkante auf die Straße und benötigt ein paar Meter, um sich wieder einzufangen. Ein hoch gewachsener Mann kommt jeden Abend, einmal hält er eine Literflasche mit giftgrüner Flüssigkeit in der Hand, spricht mich lallend an und streckt mir die Flasche entgegen, wartet eine Weile und kehrt sich von mir ab, als ich keine Anstalten mache, eine Kostprobe zu nehmen.

Spätnachmittag am Kiosk „El Progreso" (Fortschritt)

Der kubanische Autor Leonardo Padura hat die Figur eines Polizisten in Havanna erfunden, der seine Arbeit an den Nagel gehangen hat und nun durch gelegentlichen Handel mit antiquarischen Büchern dann und wann Geld macht, dennoch immer wieder in Geldnot steckt, nur in seinem ungeliebten Beruf will er nie wieder arbeiten. Nahezu allabendlich besorgt er sich in einer Kneipe ein oder zwei Flaschen billigsten Rum und trifft sich mit alten Freunden aus der Schulzeit. Die Mutter des inzwischen im Rollstuhl sitzenden Freundes kocht für sie die leckersten, vertrauten kubanischen Gerichte, sie hauen sich den Bauch voll und füllen mit Rum auf, bis die Flaschen leer sind und die Kommunikation mangels Zungenfertigkeit ein Ende findet. Diese Zusammenkünfte und seine Geliebte machen das Leben für den Romanhelden lebenswert. Bei der Geliebten kommt er in trunkenem Zustand an.

Gediegener geht das eine Schicht höher zu. Ich warte eine Weile im Wohnzimmer auf den Hausherrn, Erbauer eines Einfamilienhauses, dessen zweiter Stock zur Abtragung der Schulden dienen wird: vier Räume inclusive Kitchenette zur Vermietung an TouristInnen – oder wer es sich leisten kann. Von der Dachterrasse lässt sich gut über die ärmliche Nachbarschaft hinweg bis zum Meer blicken, im typischen kubanischen malanza (Holz-Schaukelstuhl) oder von der Hängematte aus, die dort einmal baumeln wird. Dazu kann es einen edlen Drink aus der Hausbar geben, die in der Ecke des Wohnzimmers steht, Sektflaschen in Sektkübeln (keine Attrappen, wie ich überprüfte), guter Whiskey aus Schottland, Wodka mit Etikett in kyrillischen Buchstaben (vermutlich ein kleines Extra von einem russischen Kunden), verschiedene Sorten Rum, wobei die Etiketten der Flaschen auf Qualität hindeuten, für die Dame diverse Liköre. Jede Flasche ist umgeben von den korrekt dazu passenden Gläsern. Damit der Eindruck von Vielzahl wächst oder als kleine Imaginationsanregung für das zukünftige Potential, werden alle Stockwerke der Bar im dahinter angebrachtem Spiegelglas verdoppelt. Wer hier kostet, wird kaum etwas davon an der nächsten Straßenecke wieder von sich geben. Und sollte es über das Maß von Kostprobe und Genuss in Sauferei ausarten, wird niemand in der Öffentlichkeit am wankenden Gang nach Hause feststellen müssen „Ach, der hat sich mal wieder voll laufen lassen."

Wo meine Gastfamilie wohnt, sind die Menschen arm, wo die Tochter hingezogen ist, sind die Menschen noch ärmer. Die 26jährige könnte mit Mann und Kind ein großes Zimmer bei ihrer Oma beziehen, so leben viele, ein Zimmer für eine ganze Familie, Zusammenleben einer Großfamilie unter einem Dach. So können sie sich gemeinsam vieles teilen, was in Einzelanschaffung teuer ist. Ein Gasherd mit Backofen kostet neu etwa 500 CUC. Die junge Frau hat sich immerhin zwei elektrische Kochplatten geleistet. Es gibt eine Wasserstelle, aber keine Zuleitung ins Haus zu den Wasserhähnen in Küche und Bad oder zur Toilette oder Dusche. Das Wasser wird in Eimern hereingeholt. Ein Wasserfilter sorgt dafür, dass das Wasser auch als Trinkwasser genutzt werden kann.

Eine aufgeregte Frau kommt zum Zaun des Nachbargrundstücks. Sie zeigt in Richtung einer Straße, die hier nicht asphaltiert ist, sondern in der Trockenzeit festgetretene Erde, in der Regenzeit vorstellbar... Hier gibt es keinen Bürgersteig mit hoher Bordsteinkante. Es ist übergangslos der gleiche Boden wie in den Höfen um die Hütten.

Dort am Ende des Weges steht ein Kiosk, davor sind ein paar Männer, zwei von ihnen wanken mit erhobenen Fäusten aufeinander zu, laute Flüche ausstoßend. Immer mehr Nachbarn kommen aus ihren Hütten und gucken fasziniert in Richtung der beiden, beobachten. Endlich mal was los in der Nachbarschaft, Abwechslung im Alltag! Eine Affäre scheint hinein zu spielen oder zumindest hat der eine die Frau des anderen zu interessiert angesehen. Da hört die Saufkumpelei auf. Immerhin wird das Problem hier direkt zwischen Männern ausgetragen, obschon nicht ausgeschlossen ist, dass es eine Nachregelung daheim gibt. Vielen Männern in dieser Gegend reicht es nicht, dass sie ihre Unzufriedenheit mit sich, die Familie nicht so gut ernähren zu können, wie sie sich das erträumen oder wie ihre Väter das vor 1990 noch so selbstverständlich konnten, als noch ein Auskommen mit dem Einkommen war, als noch kein Fernsehen, Handy und Internet Konsumträume an sie herantrug, dass sie diese Unzufriedenheit in Alkohol ertränken. Sie müssen sich in den eigenen vier Wänden beweisen, verprügeln ihre Frauen, wenn sie nach einer billigen Flasche Rum made in Cuba nach Hause wanken. Manchmal schlagen sie auch ihre Kinder.

Der neon-grün-sonnengelbe Punkt am Strand ist vor mir stehen geblieben. Mit ungelenken Bewegungen versucht er seine Sonnenbrille auf der Nase zurechtzurücken. Sein Begleiter löst die haltende Hand und tut es für ihn. Dafür wird ihm ein schiefes Lächeln geschenkt. „Komm, mein Bruder", sagt der andere und nimmt ihn wieder an die Hand, denn inzwischen ist der Grün-gelbe mit dem rechten Fuß etwas im Sand versunken und gerät erneut aus dem Gleichgewicht. Er hat sichtlich eine spastische Behinderung.

„Komm", wiederholt der andere und biegt abrupt im Neunzig-Grad-Winkel direkten Weges ins Meer ab, zieht seinen Bruder hinter ihm her. Der weiß nicht wie ihm geschieht und stolpert hinterdrein, kreischt zuerst, dann zieht er voller Freude die Füße durch das Wasser, bis beide bis über die Knie darin stehen. Liebevoll beginnt der andere, seinen Bruder mit Wasser zu bespritzen, zuerst die Oberschenkel, dann die Arme. Er tritt hinter ihn und schöpft Händevoll Wasser auf Shorts und T-Shirt, bis er völlig durchnässt ist. Als die beiden sich umwenden, der andere hat ihn wieder an die Hand genommen, kann ich das beglückte

Strahlen auf dem Gesicht wahrnehmen. Der grün-gelbe Punkt an der Bruderhand entfernt sich und lässt sich von Sonne und Wind trocknen.

Von Herzen

Mit Würde

Auf dem rollenden Gestell steht eine große blaue Mülltonne mit schwarzem Plastiksack darin, daneben ein gelber Putzeimer, eine Schaufel, ein Besen, ein Schrubber, das Arbeitsgerät einer tatkräftigen Frau.

Sie ist keine Schönheit, die braucht sie nicht für ihren Beruf, sie kann zupacken und tut es resolut.

Gewiss bringt sie weit mehr als achtzig Kilogramm auf die Waage und verpackt alle ihre ausladenden weiblichen Attribute so, dass sie ihr bei der Arbeit nicht im Wege sind. Die braune Trainingshose umspannt ihren runden Bauch, ihre breiten Pobacken und ihre kräftigen Hüften. Die Hosenbeine sind nach oben umgeschlagen, so dass die Hose wie eine bayerische Knickerbocker wirkt, zumal die Frau dicke rote Socken in hohen schwarzen Stoff-Turnschuhen trägt, die in dieser Kombination wie die Billigvariante von Bergwanderschuhen aussehen. Ihr schwarzes T-Shirt gibt den Rücken in Höhe des Hosenbundes frei, wenn sie sich bückt. Noch mehr braune Haut bietet der großzügige V-Ausschnitt. Hält überhaupt ein BH den weichen großen hängenden Busen, an dem vermutlich schon eine kleine Kinderschar gesaugt hat? Im Spalt zwischen ihren beiden Brüsten klemmt ein knallrotes Frottee-Tuch, als ob es stilgetreu zu den Socken ausgewählt wurde. Ab und an zieht sie es heraus, schlägt es an der Luft auseinander, packt es mit beiden Händen vor die Nase und schnäuzt kräftig und laut hinein. Sie faltet, nein, knüllt es wieder zusammen und steckt es zurück an seinen Platz. Über ihrer Kleidung trägt sie zusätzlich einen hellblauen, kurzärmeligen Kittel in Dreiviertellänge. Sie hat ihn nicht zugeknöpft, vermutlich lässt er sich über ihrem Umfang gar nicht mehr schließen, aber er ist ihr Arbeitsdress und hat eine Brusttasche, in der ihre Zigaretten stecken. Auf dem Rücken steht in roten Buchstaben „Hygiene".

In ihren Attributen ist sie beides, weiblich und männlich. Am rechten Arm trägt sie ein Armband aus ineinander gedrehten farbigen Schnüren. Um ihren Hals hängt eine türkisblaue Perlenkette mit einem amulettartigen goldenen Anhänger, der bisweilen hinter dem roten Tuch versteckt ist. Ihre Ohrläppchen ziert ein ähnliches Gehänge. Soweit zur Weiblichkeit. Ihre extrem hellblond gefärbten und geglätteten Haare trotzen ihren Versuchen der Bändigung. Also hat sie eine Baseballkappe darauf gepackt, trotzdem lugt hie eine Strähne und da eine Welle des kurzen Haares darunter hervor und steht in alle Winde aus. Mit der Sonnenbrille auf dem Kappenschirm sieht sie aus, als ob sie gleich ins Baseballstadion geht, um sich ein Spiel anzusehen, das im Gegenlicht stattfindet.

Ihr großes, rundes Gesicht mit den dunklen, tief liegenden Augen strahlt Bestimmtheit aus, Ernst, Entschlossenheit. Der Mund ist geschlossen, sie lacht selten bei der Arbeit, aber wer genau hinsieht, bemerkt das Schmunzeln. Die Arbeit muss getan werden und sie macht sie gründlich, dennoch muss man nicht alles Ernst nehmen. Das Leben hält Überraschungen bereit, gute und schlechte, schöne und erschreckende. Sie packt das. Zumindest packt sie es an.

Zuerst fegt sie mit dem Besen den losen Abfall und Dreck auf den Steinfliesen zusammen, lädt ihn auf die Schaufel und wirft ihn in die Tonne. Dann geht es zur Sache. Sie fährt Schrubber mit Putzlappen in großen, weit ausholenden Schwüngen aus, wie eine sowjetische Kranfahrerin ihr Fahrzeug bedient hätte. Dabei schnauft und schnieft sie, bis sie einhalten muss, um ihre Nase mit dem roten Tuch zu putzen. Wenn jemand versucht, auf die noch nasse und schon gesäuberte Fläche zu treten, um dort seinen Weg in die Fußgängerzone zu nehmen, schimpft sie lauthals los. Die meisten reagieren sofort, treten ein paar Schritte zur Seite und entschuldigen sich sogar. Den wenigen, die sich in ihrem Machtbereich ungestört weiter ihren eigenen Weg bahnen, ruft sie Flüche hinterdrein, hebt den Schrubber mit dem Feudel in die Luft, schwingt ihn wie eine Fahne, als ob sie hinter dem Grenzverletzer noch einmal deutlich ihr Revier markieren müsste.

Es sind keine schnellen Bewegungen, mit denen sie die Reinigung des Gehweges durchführt, allerdings energische, die ihren Krafteinsatz beweisen, überhaupt, die Frauenpower, die in ihr steckt. Nach zehn Minuten und einem Fortschritt von etwa fünfzehn Fliesenreihen hält sie inne, holt eine Zigarette heraus, stützt sich auf die Mülltonne und raucht erst mal. Sie betrachtet ihr vollbrachtes Werk, richtet sich gerade auf und hebt stolz den Kopf. Nun nimmt sie auch die anderen wahr, denen sie hier täglich begegnet, die ebenso zum Straßenbild gehören wie sie.

Der Mann im Rollstuhl, der mit seiner Brille aussieht wie ein Intellektueller, der es gut zum Dozenten hätte bringen können oder zum Chefingenieur für Neubausiedlungen. Er legt den Kopf schräg, lächelt charmant und streckt die Hand aus. Er insistiert nicht, wenn man ihm nichts gibt, nie etwas gibt. Er grüßt freundlich und rechnet jeden, den er zwei Mal gesehen hat, zum vertrauten Freundeskreis derer hinzu, die sich immer wieder an der Ecke der Fußgängerzone in der Nähe des zentralen Platzes treffen.

Der kleine alte Mann, dem die Hose weit um die dünnen Beine schlackert. Im Vergleich zu der Reinigungskraft ist er wie das kleine Boot auf schwankenden Wellen neben dem Schlachtschiff. Er geht gebückt, leidet unter einem Ansatz von Morbus Bechterew. Er ist zurückhaltend, beobachtet die Tische des Lokals genau und ist zur Stelle, wenn eine Flasche leer wird. Dann stellt er sich an das Geländer des Lokals, sagt vielleicht ein Wort, um auf sich aufmerksam zu machen, zeigt auf die leere Flasche und nimmt sie mit leichtem Kopfnicken entgegen.

Der große, schlanke, tief schwarze Türsteher von der Bar gegenüber, der tagsüber nicht viel zu tun hat. Manchmal mischt er sich in eine Verhandlung zwischen einem älteren Touristen und einer jungen Kubanerin ein, tätigt mal ein Telefonat. Er spielt den feinen Zurückhaltenden, der mit nichts von all dem zu tun hat, was hier abgeht, der von nichts etwas mitbekommt. Er trägt schwarze Turnschuhe, eine schwarze Stoffhose mit Bügelfalte und Ledergürtel, dazu ein weißes, kurzärmeliges Hemd. Er macht den moralisch anständigen Eindruck, dem an Ordnung und Korrektheit gelegen ist. Er sieht aus, als ob ihn kein Wässerchen trüben könnte.

Dazwischen bewegt sich der „mani"-Mann fast clownartig, ein kleiner, schmächtiger, aber drahtiger Mann, in billiger Hose und T-Shirt, zieht er einen Kasten auf Rädern, in dem Erdnüsse warm gehalten werden. In der Hand hält er schmale, längliche, handgefaltete, weiße Tütchen mit etwa zwanzig gerösteten Erdnüssen je Tüte. „Mani!" ruft er laut, dabei sieht und weiß jeder sowieso, was er feilbietet. Der Touristin bietet er eine Handvoll Tütchen für einen CUC an. Vielleicht verdient er nachts mehr, wenn Touristen (männliche) mit Kubanerinnen (junge und sehr weibliche) in dieser Gegend die Bars aufsuchen. Bei jedem Gang an dieser Ecke vorbei versucht er erneut, jeden anzulächeln und mit Lobpreisung seines Warenangebots vom Kauf zu überzeugen. Er schmunzelt über seine eigenen Anstrengungen, ist er sich doch (fast) ganz sicher, dass er wieder nichts loswird. Jedoch, ist das Leben nicht zum Schmunzeln? Auch die Gehweg-Reinemachefrau hält dieses Schmunzeln in ihren Mundwinkeln bereit, für was auch immer im Leben auf sie zukommt.

Wer es schon zu etwas gebracht hat, macht ein eigenes Unternehmen auf: Ausschank vom Fenster aus…

... oder gar die stolze kubanische Variante des berühmten globalen Unternehmens

Traumauto

„Was kostet denn eine Fahrt von hier, Zentrum Varadero, bis Matanzas mit Ihrem tollen Auto?" Der Besitzer des Cabriolets, geschätztes Alter (des Autos) zwischen fünfzig und siebzig, ist überrascht. „Für gewöhnlich wollen die Touristen nur mal so ein bisschen hier im Ort in solch einem Auto fahren, Matanzas, das sind dreißig Kilometer." „Ich muss heute Abend dorthin zurück, habe keine Unterkunft in Varadero." „Hm, also gut, sagen wir zwanzig CUC." „Machen Sie bitte einen fairen Preis und kommen Sie um halb sechs an diese Straßenecke." „Alles klar, fünfzehn CUC und wir treffen uns hier." Das rosafarbene Schiff rauscht davon und ich schwebe auf rosa Wolken.

Ich lege mich an den Strand, höre die Wellen rauschen, schaue in den blauen Himmel und male mir aus, wie ich auf dem Rücksitz des Ami-Schlittens sitze, die Arme weit auf beide Seiten ausstrecke, die Nase in die Luft halte und mir vorkomme wie Marilyn Monroe in Filmen.

Nur wenige Monate zuvor hatte ich „Traumschiff – Kuba" gesehen. Ein junger Mann machte sich kurz vor seiner Hochzeit mit seinen beiden angehenden Trauzeugen auf die Suche nach einem ganz bestimmten Automodell , er ging auf Kreuzfahrt mit der „Deutschland" in die Karibik. Der Bräutigam hatte keinen geringeren Hochzeitswunsch, als in einem Oldtimer aus Kuba zum Traualtar zu fahren. Wegen eines bösen Streiches landet er im Vollrausch in den Armen (und im Bett) einer schönen Kubanerin, die genau dieses Auto im Hof stehen hat. Sie will es aber nicht herausrücken, denn ihre Hühner legen ihre Eier vorzugsweise auf die Ledersitze dieses Gefährts. Letztendlich gelingt es den Trauzeugen als Wiedergutmachung für den Streich, die schöne Kubanerin zu überreden, das Auto nach Deutschland zu verschiffen, mit Riesenschleife und Kusshand.

Ich habe nicht die Absicht, Kubanern zu nehmen, was aus der Not, seit der Wirtschaftsblockade Anfang der Sechziger Jahre keine neuen Autos importieren zu können, zu ihrem Markenzeichen und zu einer einmaligen Touristenattraktion geworden ist. Genauso wenig bin ich von dem Kompromiss begeistert, der die Romanze „Eine Liebe in Kuba" von 2007 abschließt.

Der deutsche Bank-Unterhändler, der eine kubanische Familie überreden soll, ihr Haus und Grundstück an einer unberührten Bucht zugunsten einer Hotelanlage aufzugeben, lehnt alle gebotenen modernen Mietwagen ab und darf ausnahmsweise mit dem Privatauto des Autoverleihers, einem Oldtimer (wiederum ist das Auto gemeint), herumkutschieren. Am Ende bleibt die Familie, wo sie ist und ein anderer zauberhafter Strand wird mit der Mammutanlage verschandelt. Der deutsche Unterhändler nimmt die schöne Tochter der Familie zur Frau, er organisiert den Bau der Schweizer Hotelanlage und der Bruder der Angebeteten wird der zukünftige Manager des Hotels.

In dem einen Film wird Kubanern ein Stück ihrer Kultur abgekauft und nach Deutschland verbracht, in dem anderen wird Kuba eine völlig andere Kultur, Wirtschafts- und Gesellschaftsform übergestülpt, alles verpackt mit Wohlwollen, es gut meinen und Liebe, aber ohne echte Mitsprache über das Geschick des eigenen Landes.

Ich möchte lediglich mal fühlen, wie es sich in so einem Auto sitzt und selbst schauspielern, eine Show spielen, für Fotos, die ich per WhatsApp an meine Freundinnen schicken möchte. Nahaufnahme: ich auf dem Rücksitz, von etwas weiter weg: ich als kleine Figur in dem riesengroßen Auto, wild: ich mit fliegenden Haaren in dieser pinken Wolke.

Pünktlich stehe ich an der Ecke und rechne mit Wartezeit, doch schon fünf Minuten später sehe ich, wie ein rosa Punkt auf der Straße größer wird, sich nähert, mein Fahrer hält die Verabredung, mein Traumschiff ist auf Augenhöhe. Ich springe von den Steinstufen auf, winke. Der rosa Traum rauscht vorbei, fährt ohne mich davon. Er hat mich vielleicht nicht wieder erkannt. Er hat vielleicht nicht mehr gewusst, welche Ecke es war.

Ich sinke in mich zusammen und sitze enttäuscht auf den Stufen. „Soll ich ihnen helfen, ein Taxi anzuhalten?" Ich gucke hoch. Eine Kubanerin meines Alters steht vor mir. Fast schäme ich mich, meinen Luxuswunsch zu gestehen. „Ach, ich wollte genau so ein rosanes, offenes, altes Auto, ein Taxi kann ich ja am Ortsende nehmen oder auch ein collectivo." (Gemeinschaftstaxi, in dem sich mehrere Fahrgäste den Preis teilen) Dennoch möchte die Frau mich nicht alleine lassen, vielleicht auch nur ein kleines Schwätzchen halten. „Ich komme gerade von der Schule, dort hab ich geputzt. Jetzt fahre ich in die Hotelzone. Dort wasche ich für

Touristen. Da gibt es immer etwas zu tun und ich bekomme Trinkgeld, mehr als ich hier in der Schule verdiene." Eine Weile warten wir gemeinsam, erzählen einander von unseren Familien, unseren Kindern und dass es letztlich doch immer an den Frauen hängen bleibt, sich um die Kinder zu kümmern, während die Männer Flausen im Kopf haben, sich zum Beispiel stundenlang unter ein Auto legen, um es instand zu halten. Während unseres Gesprächs ist erst einmal kein Cabriolet in Sicht. Die Frau muss los zu ihrer nächsten Arbeit und ich habe zwei Kilometer Weg zum Abfahrtsplatz der Taxis nach Matanzas vor mir.

Ein einziges Mal noch kommt mir mein Wunschauto entgegen. Ich hüpfe auf die Straße und wedele mit den Armen. Der junge, gut aussehende Kubaner wendet, ich träume schon von weiteren filmreifen Fotos mit diesem potentiellen Gigolo. „Matanzas? Das ist zu weit, da fahre ich normalerweise nicht hin. Ich hab fast kein Benzin mehr und muss tanken. Außerdem ist da noch eine Mautstelle auf der Strecke. Leider ... das kann ich mir nicht leisten." Der Fahrer guckt wirklich betrübt. Wir zucken beide mit den Achseln, ich stapfe weiter Richtung Taxi-Stand.

Plötzlich taucht er erneut neben mir auf. Er hat es sich überlegt, wie er das hinkriegen könnte. „Naja, wahrscheinlich machen Sie das nicht mit, fünfzig CUC bräuchte ich." In der Tat, das ist erheblich zu viel. Kubaner bezahlen im collectivo (mit etwa vier weiteren Fahrgästen) je zwei bis drei CUC für die Strecke. Er könnte von fünfzig CUC sein Auto voll tanken. Ich habe im Traum nicht daran gedacht, was es Kubaner kostet, diese Traumautos am Leben und Laufen zu halten.

In diesem Oldtimer bin ich gefahren, es ist ein Jahr älter als ich.

Abgenutzte Funktionen – aber eingebaute Musikanlage mit USB-Stick und Lautsprechern, voll dröhnend

Außen alt, innen oft ein neuer Motor einer ganz anderen Automarke

1 Liter Benzin kostet zwischen 0,79 und 1,20 CUC.

Parkhaus für Fahrzeuge, die am gebräuchlichsten sind: Fahrrad, Moped, Motorrad

Pferdetaxi – das Taxi für die Familie oder für alles, was transportiert werden muss

Es gibt auch Züge (hier Güterzug), die langsam durch das Land tuckern. Einstmals wurden die Schienen für die Zuckerindustrie eingerichtet.

Kuba mit allen Sinnen

Wer sich in Kuba nicht gerade in ein Urlaubsresort begibt, sondern seine Unterkunft in einer der billigeren Privatunterkünften sucht, kann sich der kubanischen Wirklichkeit nicht entziehen, es gibt eine Volldröhnung.

In Havanna stehen die Türen von Wohnungen in einem Mietshaus offen. Im Vorbeigehen ergibt sich ein Einblick in die Familienszene, ungeschminkt, so wie sie sich gerade abspielt. Aha, der Vater ist heute nicht auf der Arbeit. Das Schulkind isst mittags zu Hause. Die Frau hat wohl einen neuen Rock an. Wer ist denn da zu Besuch gekommen? Doch selbst wenn die Türen geschlossen wären, dringen Gerüche und Geräusche durch die dünnen Wände und Fenster ohne Glas und erzählen, was nebenan und drüber und drunter geschieht. Opa raucht seine dicke Zigarre, das ist heute schon die zweite. In der Wohnung unten scheint das Klo wieder verstopft zu sein. Nebenan gibt es heute Hähnchen zu Mittag, obwohl nicht Sonntag ist. Die Schwiegermutter schimpft mit ihrer Schwiegertochter, dass die Wäsche noch nicht gemacht ist.

Auf dem Lande stehen die Häuser so nahe beieinander, dass man dem Nachbarn zur Linken in der Küche beim Zwiebelschneiden zugucken kann oder die Unterwäsche der Nachbarin zur Rechten auf der Leine im Hinterhof auf ihre Auswahl und Qualität hin begutachten kann. Was nicht zu sehen ist, ist zu riechen oder zu hören.

Morgens gegen vier Uhr wecken nah und fern Hähne ihre Hühner und ihre BesitzerInnen und mich. Manche Hähne meinen wohl, schon früher krähend beweisen zu müssen, wer der Herr im Hühnerstall ist. Wenn die Morgendämmerung kommt, ist auf der Straße eine sonore tiefe Stimme zu hören „Brot und Brötchen". Ein Mann mit Fahrrad und einem Kubikmeter großen Kasten auf dem Gepäckträger hat sich früh aus der Brotfabrik (mehr eine größere Handwerksstube) mit dem Gebäck eingedeckt und liefert es frei Haus an diejenigen, die schon wach sind und dafür auf die Straße an ihn herantreten. Ist kurz darauf ein wildes Gegacker und Flügelschlagen zu hören, hat jemand die Hühner aufgescheucht und ihnen ihr Gelege abgenommen, um sich ein Frühstücksei zu gönnen.

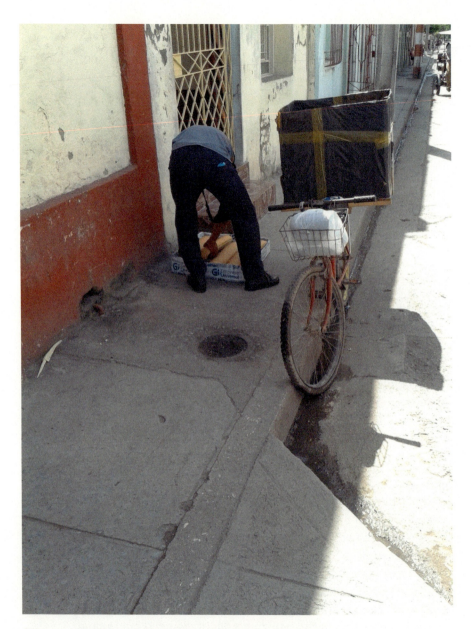

Brot- und Brötchenlieferung per Morgenkurier

Auf einer Seite des Hauses sind besonders deutliche Gerüche wahrzunehmen. Knoblauch, der einem Bohnengericht zugefügt wird, ein Kochtopf, der geöffnet wird und dem der warme Duft von Reis entweicht.

Ein Gestank, der von Grunzen begleitet, entpuppt sich eindeutig als die Haltung von Schweinen in einem offenen Koben neben dem Wohnbereich.

Nachmittags gegen fünf Uhr rücken ältere Menschen ihren malanza, ihren Schaukelstuhl vor die Tür. Die Sonne brennt nicht mehr so heiß herunter, wird bald als orange-roter Ball am Abendrot-getränkten Himmel untergehen. Das ist die Zeit, wenn es sich gut auf der überdachten Terrasse vor dem Haus sitzen lässt, um schaukelnd das abendliche Treiben zu beobachten.

Der alte Mann gegenüber, er ist sicher mindestens neunzig Jahre alt, schiebt den schweren Holzschaukelstuhl über die Schwelle, Schrittchen für Schrittchen. Daraufhin holt er Hemden und Hosen, jedes Stück einzeln auf Bügeln aus dem Haus und hängt sie an der Hauswand entlang, in einer Reihe, zum Lüften aus. Schließlich trägt er Schuhe vor die Tür. Er lässt sich vor seinem Sortiment nieder (vermutlich sein gesamtes Eigentum an Textilien), faltet die Hände um seinen Gehstock und schaut in seine Welt hinaus. Manchmal bringt jemand eine Abrechnung vorbei, von Strom oder Wasser. Dann ist er lange beschäftigt, diese Papiere intensiv zu studieren. Manchmal kommt ein Enkel vorbei, der ihm eine Plastiktüte mit Fleisch überreicht, das er dann ins Haus hinein trägt und in den Kühlschrank packt.

Wenn die Sonne untergegangen ist und er schon im Dunkeln sitzt, kommt seine Schwiegertochter nach Hause. Sie trägt den Schaukelstuhl für ihn hinein und auch die Kleidungsstücke. Drinnen wartet eine warme Mahlzeit auf ihn. Früh morgens fegt die Schwiegertochter die Terrasse für den Tag sauber, auch die Stufen hinunter zum Bürgersteig und den Gehweg selbst. Es sieht blitzeblank sauber aus, vor diesem Haus genauso wie vor allen anderen Häusern in der Straße.

Auch meine betagte Gastgeberin rückt zur Abendstunde ihren Schaukelstuhl hinaus. Sie weiß genau, um wie viel Uhr sie ihn an welche Stelle platzieren muss, damit die Sonne auf ihrem Weg zum Untergang ihr nicht direkt ins Gesicht scheint und mit voller Kraft doch noch für Sonnenbrand sorgt oder einfach nur blendet, wenn sie sehen will, ob die Welt vor ihr auf der Straße noch in Ordnung ist.

Manchmal kommt eine Nachbarin vorbei, ein paar Worte werden gewechselt, nach dem Befinden gefragt, etwas geklärt oder geregelt. Es muss nicht viel gefragt werden, das Leben eines jeden ist mehr oder weniger öffentlich ausgelegt. Kommt der Familienvater pünktlich nach seiner Arbeit nach Hause oder sieht man ihn am Kiosk gegenüber stehen, noch ein Bier trinken? Oder sind es zwei? Oder ist es Rum? Hat der Junge von nebenan sich in Schale geworfen und trifft vielleicht ein Mädchen? Trägt der Mann gegenüber einen Fernseher ins Haus, ach, dann ist er wieder repariert, wie viel das wohl gekostet hat? Die Frau schräg gegenüber hat auf ihrer Terrasse Plastikgeschirr zum Verkauf ausgestellt und sitzt den ganzen Tag davor oder hält sich in der Nähe auf. Meine Gastgeberin hat die Ware begutachtet und erwägt den Kauf einer kleinen Plastikschüssel, muss aber noch ein wenig abwarten, ob das Geld dafür am Ende des Monats reichen wird.

Zwischen siebzehn und neunzehn Uhr ist Rush-Hour, Hauptverkehrszeit nach der Arbeit, aber ohne Hektik, nur mehr Menschen unterwegs. Mein Blick verfolgt die PassantInnen von rechts nach links und von links nach rechts.

Zwei Wachtposten fahren auf ihren Fahrräder nach Hause, in hellblauer Uniform mit dem Namensschild an der Brust und Käppis auf dem Kopf.

Ein Pferdetaxi transportiert eine Riesenladung Kochbananen.

Ein Fahrrad mit Kastenaufsatz wird von einer Nachbarin angehalten. Sie holt einen alten lappenähnlichen Geldschein aus dem Haus und nimmt Brot in Empfang.

Ein Mann hat zwei Fahrradreifen auf dem Gepäckträger befestigt, um ein anderes Rad damit instand zu setzen.

Einer schiebt sein Rad, obwohl es heil wirkt, bis auf den völlig zerfledderten Sattel, von dem Teile der Kunststoffoberfläche scharfkantig hochstehen und aus dem Schaumgummi herausquillt.

Ein Lada in Topzustand und ein weiterer Lada mit Blechschaden vorne, der in einem anderen Blau als der Rest des Autos übertüncht ist. Im Rückfenster prangt die Schwarz-Weiß-Abbildung von Che Guevara.

Eine geschmackvoll gekleidete, junge, schlanke Frau: schwarz-weiß geringeltes langes T-Shirt über schwarzer Legging, weiße Turnschuhe, schwarze mittellange Haare zu einem Pferdeschwanz gebunden, zumindest solange sie im Gegenwind radelt.

Gleich hinter ihr plagt sich ein etwa Vierzigjähriger ab, seine etwas gewichtigere Frau auf dem Gepäckträger den leichten Anstieg der Straße hinauf zu bekommen. Sie sitzt derweil leger hinter ihm, Beine zur Seite ausgestreckt, in schwarzer Hose und zitronengelbem T-Shirt, ihr Handtäschchen haltend, Sonnenbrille auf der Nase und schaut in die Gegend.

Ab und an, ganz selten, taucht eine ganz moderne Automarke auf, chromblitzend weiß, mit dicken Spoilern. Wie ist das auf die Insel gekommen? Wer kann sich den Import leisten?

Manche lassen sich von einem Bici, einer Fahrradrikscha nach Hause bringen. So manches kleine Schulmädchen wird dieser Art von Transport nach Schulende anvertraut, wenn seine Eltern sicher gehen wollen, dass es gut nach Hause kommt und sie es selbst nicht abholen können.

Am häufigsten fahren zur Abendzeit wie auch morgens früh die Pferde-Taxis. Einem Pferd werden Scheuklappen angelegt, damit es nicht erschrickt, wenn neben ihm ein knatterndes Motorrad startet.

Dem häuslichen Badevergnügen steht bald nichts mehr im Wege.

Auf dem überdachten Fuhrwerk sind längs je eine Holzbank, auf denen die Menschen einander gegenüber sitzen, durchaus bis zu zehn Personen insgesamt und nicht selten mit Taschen, Körben oder den unverpackten Waren, ein Fernseher, eine Badewanne, ein Fahrrad. Die meisten Waren und die meisten Personen lassen sich bequem auf einem Fahrrad transportieren. Aus der Ferne ist Quieken zu hören, eindeutig, nur Ferkel geben solche Geräusche von sich. In der Tat nähert sich eine Fahrradladung Ferkel und fährt vorbei. Auf dem Gepäckträger ist ein Brett von etwa 60 x 100 cm befestigt. Darauf sind dicht beieinander und mit Seil stramm vertäut vier Ferkel, die ihrem Schicksal nicht entrinnen können.

Eine Abendstunde schaukelnd den Alltag betrachten bedeutet auch, viel Benzingestank einatmen und vorüberstreifenden Höllenlärm auf den Ohren auszuhalten. Die Fahrradrikschas und Pferdetaxis jüngerer Männer (Frauen üben anscheinend nie den Beruf von Fahrerinnen irgendeiner Taxiform aus) sind aufgemöbelt. Riesengroße Lautsprecher sind installiert, aus denen über USB-Stick dröhnende Musik, am häufigsten Heavy Metal, abgespielt wird, rollende Diskotheken ohne Tanzgelegenheit.

Wenn der Kiosk gegenüber schließt, ist es dunkel geworden. Es gibt Straßenlampen, doch sie müssen nur noch wenigen Menschen heimleuchten. Die malanzas werden zurück ins Haus geschoben, der Fernseher wird eingeschaltet.

Im Nebenzimmer, zwischen dem Fernseher im Wohnzimmer und dem Nachbarhaus, bekommt man jede Sendung in Stereo mit. Wenn beide Haushalte Nachrichten im kubanischen Fernsehen hören, bekommt man den Eindruck einer Kundgebung, so hallen und schallen die Stimmen. Wenn die Nachbarn ein Video einlegen, das sie in einem Paket von Downloads käuflich erworben haben, kann meine Gastgeberin die gesprochenen Worte in der Serie im kubanischen Fernsehen nicht mehr verstehen, auch wenn sie gegenhält und die Lautstärke aufdreht. Sie gibt ihrem Schlafbedürfnis nach und begibt sich ins Bett.

Der Nachbar trumpft, dreht noch ein bisschen lauter und sieht seine Lieblingsserien, seine Horrorfilme und Musikshows bis ein oder zwei Uhr morgens. Als Hörspiel verpasse ich nichts davon. Wenn die kostenlose

Abendunterhaltung ausklingt, kann es passieren, dass der Hahn es irrtümlich als Zeichen verstanden hat, dass der Morgen kommt und er hebt an, seine Hühnerschar mit lautem Kikeriki zu wecken. Oder ein spätes oder frühes Pferdetaxi ist von der Straße her zu hören, Hufegeklacker im Takt: Klack-tack, klack-tack, vielleicht sind die Lautsprecher ausgeschaltet, vielleicht nicht.

Als ich wieder in Deutschland aufwache, ist alles so still um mich. Geht es meinen Nachbarn gut? Leben sie noch? Wie viel Uhr mag es sein? der Hahn hat noch nicht gekräht. Der Motorenlärm von der Straße klingt gedämpft, das Klackern der Pferdehufe fehlt mir.

Meine NachbarInnen gehen durch meine Straße, ohne dass ich sie vom Schaukelstuhl im Vorgarten aus sehe, ich kenne sie gar nicht.

Statt Nachwort: „Kontakt zu den Einheimischen"

Mit zunehmendem Massentourismus und Package-Tours wird es für die sogenannten IndividualtouristInnen schwieriger, wirklich individuell zu reisen. Selbst Abenteuer und alternative Unternehmen sind vermarktet, als Pakete geschnürt und in verschiedenen Schwierigkeitsgraden per Internet zu kaufen. Reiste ein Student mit wenig Geld in den Siebzigern noch wirklich mit einem Postboot zum Nordkap, so kann ein Gast von Hurtigruten heute eine Luxuskabine buchen und befindet sich mehrheitlich unter Seinesgleichen. Machte sich ein Rucksackreisender früher per lokalem Bus auf den Weg in die Dörfer eines afrikanischen Landes, traf er zufällig Einheimische, die ihn vielleicht freundlich bei sich aufnahmen, weil er sonst im Freien geschlafen hätte. Heute gibt es Organisationen, die Privatunterkünfte kommerziell vermitteln. Folgte man vor vierzig Jahren noch dem Tipp eines anderen Reisenden nach Isla Mujeres in Mexiko, weil dort ein Hängematten-Hostel direkt am Strand sein sollte, so ist heute dieser Strand nur noch für Hotelgäste zugänglich und „Geheimtipps" liest man in den neuesten Ausgaben einschlägiger Reisehandbücher für Länder aller Welt nach. – Das alles ist im Zuge von Globalisierung und vereinfachter Kommunikation per Internet selbstverständlich geworden.

Trotz Globalisierung, Internet und Kommerzialisierung scheinen Reisende sich ungern als „MassentouristInnen" sehen zu wollen und am liebsten erzählen sie nach ihrer Reise davon, wie sie einen Einheimischen trafen, Gastfreundschaft erlebten und vielleicht sogar den Kontakt halten (möchten).

Überraschungsvoll: Zufall

Im besten (teuersten) Hotel eines kleinen Ortes traf ich beim Kaffee ein kanadisches Ehepaar, das auf ihrer Pauschalreise nach Varadero mit einer Reinemachefrau ihres Hotels in Kontakt gekommen war. Sie waren nun gemeinsam unterwegs in kleineren Orten um Varadero herum, selbstverständlich mutete die Kubanerin dem kanadischen Paar nicht den gewöhnlichen kubanischen Kaffee am kubanischen Kiosk zu, so kamen sie in die Vorhalle dieses Hotels. Die drei hatten sich angefreundet, die Kubanerin lud das Paar auch zum Essen zu sich und anderen Familienmitgliedern nach Hause ein. Inzwischen reisen sie immer wieder nach Varadero, selbstverständlich bringen sie der Familie dies und das mit, stecken der Frau etwas mehr Trinkgeld zu. Ich spürte echte Freude auf beiden Seiten, über die Bekanntschaft, die Freundschaft, über die Einführung in wirkliches kubanisches Leben.

Gebucht: Casa Particular

Wer gleich privat unterkommen möchte, buchte früher die Pension, was in späteren Jahren mit dem englischen Begriff „Bed and Breakfast" umschrieben wurde und schließlich mit Internet zum Online-Unternehmen „AirBnB" wurde. – Die kubanische Variante ist „casa particular", die seit 1997 von der Regierung zugelassen ist: Privatpersonen können Zimmer vermieten; dafür benötigen sie eine staatliche Lizenz, bezahlen monatliche Abgaben an den Staat und müssen darüber Buch führen. Ein Gast zeigt den Reisepass, die Daten werden auf einem Formular eingetragen und der entsprechenden staatlichen Stelle Woche für Woche gemeldet. Je nachdem wie lange eine Familie dieses Geschäft schon betreibt, je nachdem wie viele Zimmer sie anbietet, je nachdem wie häufig Gäste kommen, behält eine solche Privatunterkunft den Charakter von Einblick in kubanischem Alltagsleben oder es ist ein routinierter und anonymisierter Tourismusbetrieb. – Wer sich auf Privatunterkunft einlässt, sollte sich auf jeden Fall darauf gefasst machen, dass, je mehr man in echten Alltag gerät und je näher man mit der Familie zusammenrückt, desto lauter wird die Nacht. Der Lärmpegel (von Fernsehen, Musik, Konversationen, nicht zu vergessen Tierhaltung) ist in Kuba erheblich höher als in Deutschland.

Organisiert: Couchsurfing

Die 2003 gegründete Organisation Couchsurfing wurde mit seinen zehn Millionen Mitgliedern weltweit am bekanntesten dafür, dass man per Internet GastgeberInnen finden kann, die kostenlos „eine Couch", also irgendeine Schlafgelegenheit bieten und damit gleichzeitig einen offen zu gestaltenden Kontakt zwischen Gast und GastgeberIn. Es kam leider auch zu Übergriffigkeiten bis hin zu Vergewaltigung und anderen kriminellen Akten, die im System nur in Zukunft verhindert werden können, wenn die Betroffenen im Internet über ihre Aufenthalte ehrlich schreiben und die Vorkommnisse damit allen kundtun. Zur besseren Sicherheit wurde 2011 die non-profit-Organisation in ein kommerzielles Unternehmen umgewandelt. Gegen Bezahlung kann man die Echtheit seiner Mitgliedschaft prüfen lassen und fortan mit ebensolchen

Mitgliedern in Kontakt gehen, das bedeutet eine höhere Wahrscheinlichkeit an persönlicher Sicherheit.

In Kuba ist es offiziell verboten, AusländerInnen privat unterzubringen, außer man verschafft sich die Genehmigung für eine casa particular. KubanerInnen haben sich bei Couchsurfing gemeldet und verfolgen dabei die unterschiedlichsten Interessen. Die einen suchen wirklich die Begegnung. Solange sie es sich nicht leisten können, die Welt zu bereisen, holen sie sich die Welt nach Hause. Sie treffen sich mit CouchsurferInnen, zeigen ihnen ihre Heimat, laden sie zu einem Essen nach Hause ein, tauschen sich aus. Andere CouchsurferInnen offenbaren bei der Begegnung, welche Dienste sie gegen „ein kleines Entgelt" anbieten könnten, von Sex bis hin zu illegaler Billigunterbringung.

Ähnlich: Hospitalityclub

Im Jahr 2000 wurde von dem Deutschen Veith Kühne das Gastfreundschaftsnetzwerk Hospitalityclub ins Leben gerufen. Wer seinen Namen und Adresse eingab, wurde von einem Freiwilligen-Team auf Echtheit beim Einwohnermeldeamt überprüft. Wer jemanden besuchen wollte, gab seine Passnummer an und legte beim Besuch auch seinen Pass vor. – So waren die Anfangszeiten einer Organisation, die Menschen zusammenbringen wollte, um damit Freundschaft und Frieden zwischen den Völkern zu fördern.

2012 begann eine Kooperation mit AirBnB, einem kommerziellen Online-Unternehmen, das Privatunterkünfte vermittelt. Um seinen Server finanzieren zu können, stellte sich Hospitalityclub vor, bei Vermittlungen von kostenpflichtigen Unterkünften mit Hospitalityclub-Mitgliedern einen Anteil des Preises bezahlt zu bekommen.

Die ursprüngliche Personenüberprüfung gibt es heute nicht mehr, man vertraut den Referenzen, die Gäste und GastgeberInnen online nach Besuchen schreiben (oder eben auch nicht).

Hospitalityclub hat Mitglieder in Kuba, die meisten sind seit Jahren nicht mehr auf ihrem eigenen Profil gewesen. Manche (Frauen) haben Fotos eingestellt, die andere Dienste vermuten lassen. Die für das Land Kuba vorangestellten Reiseempfehlungen stammen aus dem Jahr 2009.

Anders: SERVAS

Hospitalityclub war einst aus dem Gastfreundschaftsnetzwerk SERVAS hervorgegangen, als die „Alten" bei SERVAS dem Internet unterstellten, nicht die Sicherheit zu gewährleisten, dass Gast und GastgeberIn dem ursprünglichen Leitmotiv der Nicht-Regierungsorganisation treu bleiben.

1949 gründete Bob Luitweiler in Dänemark die Idee von „open doors". Der US-Amerikaner hatte im 2. Weltkrieg den Kriegsdienst verweigert und bevorzugte auch danach Frieden durch Völkerverständigung. Mit anderen Pazifisten (unter anderem auch ein Jude) vermittelte er verarmten Deutschen Unterkunft in den Nachbarländern. Das Prinzip war einfach: Wer sich kennt, schießt nicht aufeinander.

Heute gibt es etwa 13 000 Mitglieder in 116 Ländern; Ehrenamtliche erledigen die anfallende Arbeit. Als Gast bekommt man nach einem Interview (das überprüft, ob die Absichten mit den Idealen der Organisation übereinstimmen) einen ein Jahr gültigen Letter of Introduction beglaubigt, in dem man selbst Informationen über sich notiert. Die GastgeberInnen stehen auf Listen (online oder gedruckt), die man kontaktiert und vereinbart, unter welchen Bedingungen man zueinander kommt, für zwei kostenlose Nächte: Eine wäre zu kurz, um sich kennenzulernen, mehr als zwei könnten zu viel werden, wenn man sich nicht so gut versteht. Beide Seiten schreiben hinterher einen Bericht – der im negativen Fall dazu führt, dass man nicht Mitglied bleiben kann. Die Mitgliedschaft als Gast oder GastgeberIn kostet einen Beitrag, der unterschiedlich hoch in den verschiedenen Ländern ausfällt, von 0 bis 85 US-Dollar.

Jede Nation regelt ihr Engagement für Begegnung und Völkerverständigung innerhalb der SERVAS-Strukturen zusätzlich besonders. So wurde beispielsweise SERVAS-Mitgliedern in Fukushima nach dem Tsunami 2011 Flug zu einer Unterkunft auf längere Zeit in aller Welt angeboten, von Spenden anderer getragen.

SERVAS Kuba ist im Entstehen begriffen. Eine SERVAS-Frau in Belgien ist (noch) die Anlauf-Adresse, wenn jemand in Kuba SERVAS-GastgeberInnen sucht. Eine Frau in Polen stützt den bislang einzigen kubanischen day host (also ohne Unterkunft) beim Aufbau von SERVAS Kuba. Eine Frau in Russland übersetzt notwendige Informationen in

Spanisch. Finanzielle Unterstützung wird über den internationalen Vorstand aus Kanada und Schweden einmalig gewährleistet.

Ich war der erste Gast beim ersten Gastgeber – und durfte dazu beitragen, dass in Kuba die ursprüngliche Idee dieses Gastffreundschaftsnetzwerkes die Gründung leitet und nicht verfälscht wird durch kommerzielle, unmoralische oder gar kriminelle Interessen.

Auch anders: weitere Gastfreundschaftsnetzwerke

So wie SERVAS funktionieren zwei weitere Netzwerke. Esperantokundige Menschen können innerhalb ihrer Gemeinschaft Pasporta Servo Unterkunft bei Ihresgleichen rund um die Welt finden – es gibt GastgeberInnen in Kuba.

5W oder Women Welcome Women Worldwide wurde 1984 von der englischen Lehrerin Frances Alexander gegründet, für Frauen, aber ebenso mit der Idee "When women join us, their families become international." Frauen werden Mitglied gegen Gebühr und erhalten die Gastgeberinnenlisten. Ob Kuba (schon) dabei ist, geht aus ihrer Internetseite nicht hervor.

Amtlich beglaubigt: private Gastfreundschaft

SERVAS gilt mit seinem strikten, auf indirektem Austausch beruhenden Besuchsprinzip, als ein Beispiel für Schenkökonomie. Diese Art von Wirtschaft findet zwischen Menschen statt, es geht nicht um die Waren oder Erzielen von Profit, sondern um nicht-materielle Werte. Als solches stellt SERVAS ein Element von ursprünglicher sozialistischer Idee dar und sollte eigentlich in Kuba willkommen sein. Doch der Staat hat die Funktion von Produktion und Verteilung und Waren übernommen. Während des Kalten Krieges wurde ausländischer Besuch „verdächtigt", die Revolution zerstören zu wollen. – Der kubanische Geheimdienstchef zählte 638 Versuche, Fidel Castro zu ermorden, da wurden Fremde grundsätzlich suspekt. In den Neunzigern wurde notgedrungen Tourismus zugelassen, denn der Staat benötigt die Devisen. TouristInnen sollen Geld bringen – und auch an jeder privaten Dienstleistung ihnen gegenüber möchte der Staat seinen Anteil kassieren.

Tatsächlich ist es trotz dieser Geschichte im Kalten Krieg und trotz der wirtschaftlichen Funktion von Tourismus möglich, privat bei kubanischen Menschen unterzukommen. Dazu musste meine Gastfamilie mit mir zum Büro für Immigration gehen, die Urkunde über den Besitz ihres Hauses und ihre persönlichen Papiere vorlegen. Eine junge Staatsangestellte saß mir, der 83-jährigen Gastgeberin und ihrer dolmetschenden Enkelin gegenüber und konnte es nicht fassen. Stimmte diese seltsame Geschichte wirklich? Eine Deutsche lernte in Brasilien einen Kubaner kennen (und das lief nicht auf Heiraten hinaus) und nun besucht diese Deutsche dessen Familie in Kuba.

Am Ende bekam ich eine Genehmigung für vierzig CUC auf die Rückseite des Touristenvisums geklebt.

(Persönliche) Vorschläge für ein besseres Verständnis von Kuba

Gastfreundschaftsnetzwerke

www.servas.de	SERVAS-Organisation
http://www.womenwelcomewomen.uk	Frauen-Gastfreundschaftsnetzwerk
https://pasportaservo.org/	Gastfreundschaft unter Esperanto- Sprechenden

Sachinformationen über Land und Leute (Zahlen, Daten, Fakten: aktuell)

https://www.liportal.de/kuba/

> Das Länderinformationsportal wird vom Bundesministerium für Wirtschaft und Zusammenarbeit gefördert. ExpertInnen für 80 Länder aktualisieren ihre Angaben ständig, um Menschen, die länger in diesen Ländern arbeiten wollen, beste Informationen mitzugeben – mit links im Text, um einiges zu vertiefen.

http://www.globalsecurity.org/military/world/cuba/intro.htm

https://www.cia.gov/library/publications/the-world-factbook/geos/cu.html

> Global security ist eine US-Seite zu militärischer Sicherheit. – Hier kann man Dank bester Geheimdienstarbeit sicher sein, dass die Angaben gründlich „recherchiert" wurden. Das Gleiche gilt für den CIA.

https://www.sympathiemagazin.de/amerika-karibik/kuba.html

> Informationen, vom Studienkreis für Tourismus & Entwicklung, mit Blick auf sanften Tourismus und Entwicklung des Reiselandes

Jens Sobisch, Kulturschock Cuba, Bielefeld, 2016, 7. aktualisierte Auflage:

> Informationen, sachlich geschrieben und leicht lesbar

Jürgen Schäfer, Gebrauchsanweisung für Kuba, München / Berlin 2016:

Informationen, unterhaltsam, in selbst erlebte Geschichten eingebettet

http://www.ardmediathek.de/tv/l%C3%A4nder-menschen-abenteuer/Kuba-Neue-Nostalgie/SWR-Fernsehen/Video?bcastId=983328&documentId=38852240

>Film in der ARD-Mediathek: Kuba - Neue Nostalgie, SWR, 6.8.2016 aktuell und nicht beschönigend

https://www.youtube.com/watch?v=Kt1cmfCwSIU

>Film von National Geographic: The Story of Cuba 2015 schöne Naturaufnahmen

Für die Sinne - zum Einstimmen oder zur Nach-Besinnung

Tobias Hauser, Robert Fischer, Kuba zwischen Traum und Wirklichkeit, National Geographic, Hamburg 2013:

>Band mit guten und charakterisierenden Fotos

www.thetasteofhavana.de

Lutz Jäkel, Dayami Grasso Toledano, The taste of Havana, 2016

>Kochbuch, mit Fotos und Texten von Begegnungen, dazu auch Musik

https://unseencuba.com/#home

>Das Buch kostet fast 100 $ und enthält bislang nie veröffentlichte Luftaufnahmen von Kuba.

(Meine) Literaturauswahl

Romane und Krimis des Autors Leonardo Padura, insbesondere dessen Figur des ehemaligen Teniente Mario Conde

Ernest Hemingway, Der alte Mann und das Meer

>(Sein Haus in der Nähe von Havanna ist zu besichtigen; wer mit Hemingway Widersprüchliches verknüpft, sollte den Krimi von L. Padura lesen, Adios Hemingway.)

Ana Menéndez (Tochter von Exilkubanern), Geliebter Che, 2004,
    Mythos und Realität von Revolution, Exil, Kuba – verwoben in einer Liebesgeschichte, erzählt aus der Sicht der Tochter, die aus der Affäre ihrer Mutter, einer Exilkubanerin, mit Che Guevara hervorging